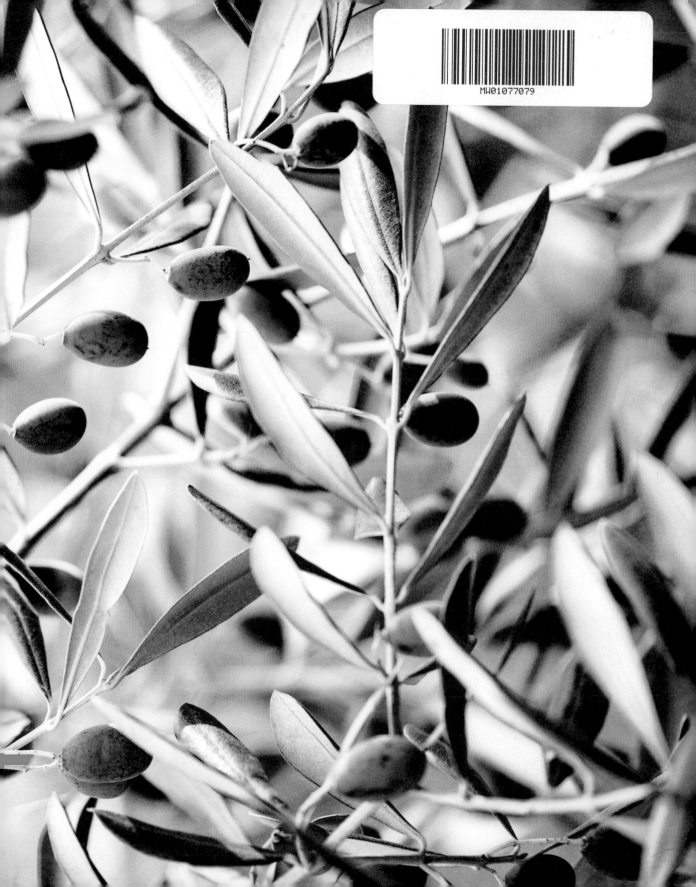

Liguria in cucina

The flavours of Liguria

Enrica Monzani

SIME BOOKS

Varazze, Riviera di Ponente

5

Sommario - Contents

Tellaro, Riviera di Levante

Manarola, Cinque Terre

Introduzione

Come sempre avviene in ogni parte del mondo, le caratteristiche di un luogo, la sua storia, la cultura che lo permea e il carattere di chi lo abita si manifestano in tavola. E la Liguria, in cucina, com'è? È **multiforme**, **colorata** e soprattutto **ricca di contrasti**, perché la Liguria stessa è così: fatta di alte montagne che rapidamente scendono verso la costa, di mare e di bosco, di Levante e di Ponente, di cultura marinara e contadina ma anche mercantile e cosmopolita, schiva e riservata eppure aperta al mondo.

I suoi piatti sono **freschi** e **profumati** perché erbe aromatiche come basilico, maggiorana, salvia, rosmarino, timo, alloro, menta e origano sono ingredienti essenziali di moltissime preparazioni. Sono i profumi della terra natia di cui i marinai sentivano nostalgia in mezzo al mare, quelli che per secoli hanno nobilitato i piatti più umili.

La Liguria in tavola è spiccatamente **verde** e **leggera**, perché trionfano i prodotti della terra scaldati dal sole e resi sapidi dall'aria di mare, spesso nati in orti e frutteti strappati ai terreni impervi e montuosi. Qui le erbe selvatiche spontanee (con cui viene fatto anche il cosiddetto *"prebuggiun"*), raccolte nei prati e tra i muretti a secco, hanno un ruolo di rilievo: donano carattere, sostanza e nutrienti a preparazioni semplici come pasta fresca, frittate e frittelle. L'olio d'oliva, poi, è il protagonista indiscusso, non solo come condimento, ma anche e soprattutto come ingrediente primario e fonte di grassi preziosi.

Sicuramente nei piatti liguri compare il **pesce**, ma in modo sostenibile e in misura modesta per un regione costiera. Per lo più si tratta di pesce azzurro - come acciughe, sardine, tonni, sgombri - e piccoli pesci da zuppa, perché questo è ciò che l'avaro Mar Ligure da sempre concede ai suoi pescatori. Oppure di pesce conservato, come lo stoccafisso, che arriva però da lontano.

La **carne**, invece, è un ingrediente secondario. A causa della sua conformazione montuosa, il territorio non è adatto ad ospitare grandi allevamenti di bestiame, per cui la carne usata nelle ricette liguri è quella di piccoli animali da cortile, come polli e conigli, e a volte quella di un maiale macellato in autunno per produrre durevoli insaccati. Anche per questo motivo la produzione di formaggio in Liguria è limitata, così come l'utilizzo del burro.

Non si deve poi dimenticare che la Liguria, quasi sempre dipinta come una regione baciata dal mare, è in realtà una terra di vaste foreste e alte montagne. I suoi **boschi** regalano castagne, la cui farina ha salvato dalla carestia decine di generazioni di contadini, funghi porcini che, secchi, sono alla base di moltissimi sughi e stufati, tartufi (specialmente in Val Bormida), nocciole e miele.

La tradizione culinaria ligure si fa forte della freschezza dei suoi tanti prodotti ma, allo stesso tempo, è anche ricca di **cibi "da dispensa"**, quelli che dovevano durare a lungo nelle stive delle navi - vuoi per essere consumati dai marinai liguri durante i lunghi viaggi, vuoi per essere venduti su mercati lontani.

Di conseguenza, tra gli ingredienti tipici si trovano acciughe salate, gallette del marinaio, baccalà e stoccafisso, mosciame di tonno, olive in salamoia e pasta secca. Si, pasta secca, perchè la **Liguria è anche una delle culle dell'arte pastaia in Italia**, insieme a Campania e Sicilia.

Spesso quella ligure viene definita una **cucina "povera"**, di origini umili e rudi perché nata nelle case dei pescatori e dei contadini dell'entroterra che avevano a disposizione solo ingredienti semplici, stagionali e di poco valore. Eppure essa è anche **sofisticata** per via dell'esperto utilizzo e l'abile trasformazione di quei pochi ingredienti. Qui, infatti, nasce in epoca medioevale la sublime arte del **ripieno**: il sapiente abbinamento di verdura, erbe fresche, formaggio, uova e poche spezie racchiusi all'interno di involucri dà vita a capolavori come la cima, le torte di verdura, i ravioli e poi a tutte quelle declinazioni di "ripieni" che vanno dalle cipolle alle melanzane, dalle zucchine ai peperoni, dalla lattuga alla verza, dalle acciughe alle pesche.

Le ricette liguri, poi, sanno di **casa**: nate per soddisfare il fabbisogno della famiglia, sono nutrienti, equilibrate e attente all'economia domestica, con piatti studiati per recuperare gli avanzi e non sprecare. E sono tutte un po' segrete: non esistono infatti ricette "ufficiali", ogni famiglia ha le proprie, che gelosamente tramanda di generazione in generazione.

Eppure molte preparazioni iconiche - come la focaccia, la farinata, le panissette e le torte di verdura - nascono sulla **strada**, nelle friggitorie e nelle *sciamadde* dei vicoli di Genova per sfamare marinai, portuali, mercanti e contadini di passaggio in città.

La Liguria può quindi vantare una delle cucine più interessanti, complesse e salutari di tutto il Mediterraneo.

Le ricette contenute in questo libro sono solo un piccolo assaggio della ricchissima tradizione culinaria di questa Regione. Sono quelle più conosciute, selezionate tra le centinaia che ancora si nascondono tra le pieghe delle sue valli e dietro le facciate color pastello dei villaggi di pescatori.

Santa Margherita Ligure, Riviera di Levante.

Introduction

As happens all over the world, the *nature* of a place, its history, its culture and the character of those who live there are all revealed at the dining table. So how can we define the Ligurian kitchen? It is **multifaceted**, **colorful** and above all **full of contrasts**, because Liguria is itself like this: made of high mountains that fall steeply to the coast, of sea and woodland, different in the East and the West, of seafaring and peasant culture but also mercantile and cosmopolitan,
shy and reserved, yet open to the world.
Ligurian dishes are **fresh** and **fragrant** because aromatic herbs such as basil, marjoram, sage, rosemary, thyme, bay leaf, mint and oregano are essential ingredients in so many preparations. They are the scents of home that sailors longed for while at sea, and which have ennobled the humblest dishes for centuries.
Liguria's cuisine is distinctly **green** and **light**, because the fruits of nature, raised in vegetable gardens and orchards reclaimed from the impervious mountainous terrain triumph in the warm sunshine and salty sea breezes.
Here, the spontaneous wild herbs proliferating in the meadows and dry stone walls play an important role: they give character, substance and nutrients to simple preparations such as fresh pasta, omelettes and pancakes, not to mention Liguria's herbal *"prebuggiun"*. Olive oil is an undisputed mainstay, not just as a condiment, but also (and most importantly) as a primary ingredient and source of precious fats.
It is also a sustainable **seafood** cuisine, because of course fish appears in Ligurian dishes, but in moderation for a coastal region, and mostly blue fish (such as anchovies, sardines, tuna, skipjack, mackerel) or small soup fish because this is what the miserly Ligurian Sea has always yielded its fishermen. Preserved fish such as stockfish appears here, although it comes from afar, brought to Liguria by commerce.
Meat, on the other hand, is a secondary ingredient. Because of its mountainous conformation, the territory is not suitable for hosting large livestock farms, so the meat used in Ligurian recipes is that of small farmyard animals, such as chicken and rabbit, and sometimes a pig would be slaughtered in autumn for production of long-lasting salami. For the same reason, cheese production in Liguria is limited, as is the use of butter.
We must not forget that Liguria, almost always depicted as a region kissed by

the sea, is actually a land of vast forests and high mountains. Its **woodlands** produce chestnuts, whose flour saved many generations of farmers from famine, porcini mushrooms which, when dried, form the basis of many sauces and stews, truffles (especially in Val Bormida), hazelnuts and honey.

The Ligurian culinary tradition is fortified by the freshness of its rich produce, but at the same time, it is also characterized by preserved or **"pantry" foods**, those that had to last a long time in the holds of ships - either to feed the Ligurian sailors during a long voyage or for sale in distant markets. Consequently, among the typical ingredients there are salted anchovies, sailor's biscuits, cod and stockfish, tuna musciame, olives and dried pasta. Yes, dry pasta, because **Liguria is also one of the cradles of the art of pasta making in Italy**, alongside Campania and Sicily.

Ligurian cuisine is often defined as a **"poor" cuisine**, of humble, rough origins because it was born in the homes of fishermen and farmers who had only simple, seasonal and low-value ingredients available. Yet it is also sophisticated due to the expert use and skilful transformation of those few ingredients. Here, in fact, the sublime art of **stuffing** was born in the Middle Ages: the skilful combination of vegetables, fresh herbs, cheese, eggs and a few spices wrapped inside thin wraps of pasta, puff pastry or vegetables, giving life to masterpieces such as Cima, vegetable pies, ravioli and to all the variations of "stuffing"; ranging from onions to aubergines, from courgettes to peppers, from lettuce to cabbage, from anchovies to peaches.

Finally, Ligurian recipes taste **homely**; created to meet the needs of the family. They are nutritious, balanced and attentive to the home economy, with dishes designed to recover leftovers and avoid waste. And they are all somewhat secret, because in fact, there are no "official" recipes: Every family has its own, grudgingly handed down from generation to generation.

Many iconic recipes - such as focaccia, farinata, panissette and vegetable pies - were born on the **street**, in fry shops and in the shambles of the alleys of Genoa to feed sailors, dockers, merchants and farmers passing through the city.

In conclusion, Liguria can boast one of the most interesting, complex and healthy cuisines in the whole Mediterranean, and the recipes found in this book are just a small taste of the rich culinary tradition of the region. They are the best known, selected from the hundreds still hidden in the folds of its valleys and behind the pastel-colored facades of the fishing villages.

Chiavari, Riviera di Ponente

La dispensa ligure

Alcuni ingredienti non mancano mai nella dispensa o nel frigo di una cucina ligure. Sono prodotti ricorrenti, selezionati nel tempo per conferire sapidità, croccantezza e struttura e per accompagnare ed elevare gli ingredienti di volta in volta protagonisti del piatto. Vanno sempre scelti gli ingredienti migliori e più freschi: certo, questo è un consiglio valido per ogni cucina del mondo, ma per quella ligure vale ancor di più, essendo essa essenzialmente basata sui profumi e sui sapori delle sue poche materie prime.
Qui di seguito un elenco indicativo e non esaustivo di quello che non può mai mancare in dispensa se si vuole cucinare come un autentico ligure.

Acciughe salate
La salagione delle acciughe è un'attività molto antica. L'abbondanza di questo piccolo pesce azzurro nel Mar Ligure ha reso quello delle acciughe salate uno dei più fiorenti mercati della Regione per secoli, con Monterosso come capitale. Le acciughe salate sono anche uno degli ingredienti più frequenti nelle preparazioni liguri, vuoi perché fonte di preziose proteine animali a disposizione tutto l'anno, vuoi perché, con la loro sapidità, anche in piccolissime dosi conferiscono ai piatti un gusto saporito, ricco e piacevole - il gusto ormai noto come umami. Spesso le troviamo quindi come base nei soffritti per sughi e stufati non di solo pesce, nelle salse e nelle insalate.

Aglio
L'aglio rende la cucina ligure non solo salutare, ma anche fragrante e saporita. Si usa cotto per insaporire soffritti, stufati, pesce al forno e arrosti, ma anche molto spesso crudo. Lo troviamo infatti tritato insieme al prezzemolo per condire pasta o pesce, a spicchi interi per insaporire le insalate e schiacciato come base per le salse crude, prima tra tutte il pesto.
Se usato a crudo, la varietà migliore è quella conosciuta come "aglio di Vessalico". Coltivata in Valle Arroscia, nell'entroterra di Albenga, fornisce un aglio dal sapore dolce, leggermente piccante e altamente digeribile anche da crudo.

Basilico
Il basilico è il re delle erbe aromatiche liguri. Probabilmente importato dall'Asia nel periodo d'oro dei traffici marittimi, ha trovato sui terreni liguri affacciati sul mare il microclima ideale per prosperare.

La varietà di basilico che si usa in Liguria è quella "genovese", caratterizzata dalla foglia piccola, chiara e ovale. Il gusto è dolce, aromatico, mai amaro e privo di quel retrogusto mentolato che caratterizza il basilico in ogni altra parte d'Italia. A Genova c'è una collina fronte mare da sempre dedicata alla coltivazione del basilico, Prà, dove si produce il vero basilico genovese DOP. Questo viene generalmente raccolto e venduto a mazzetti quando le foglie sono ancora chiare, piccole e tenere, ideali per preparare il pesto ma anche per profumare insalate, minestroni e sughi. Peraltro, non c'è cuoca ligure che si rispetti che non abbia sul davanzale un proprio vaso di basilico fresco da cui attingere all'occorrenza!

Funghi secchi

I boschi liguri abbondano di funghi, soprattutto porcini, che spuntano ai piedi dei castagni in estate e in autunno. Vengono tagliati a fettine sottili e fatti seccare all'aria, così da durare tutto l'anno. Come le acciughe salate, anche i funghi secchi conferiscono ai piatti un gusto più saporito (umami), per cui tradizionalmente sono impiegati per arricchire stufati, sughi, polpettoni e ripieni di verdura.

Gallette del marinaio

Sono il pane dei naviganti genovesi. Un sottile pane "bis-cotto", rotondo e bucherellato in superficie, a base solo di farina, acqua, lievito e sale. Molto duro e asciutto, si conserva croccante per almeno un anno intero. Stipate a bordo delle navi durante i lunghi viaggi in mare, queste gallette venivano consumate dai marinai dopo essere state bagnate con acqua di mare.
Sulle alture di Camogli, a San Rocco, esiste l'unico panificio ligure che dal 1885 ancora sforna gallette del marinaio secondo la ricetta tradizionale. Nella cucina ligure le gallette vengono usate come base per molte insalate tradizionali tra cui il condigiun, la capponada e il cappon magro, ma anche per dare corpo e sostanza alle zuppe di pesce, come il bagnun d'acciughe e la buridda.

Maggiorana

Se il basilico è il re delle erbe aromatiche liguri, la maggiorana ne è sicuramente la regina. Lontana cugina dell'origano, la maggiorana, sempre rigorosamente fresca, ha un profumo avvolgente, dolce e quasi fruttato. È il profumo che caratterizza il polpettone di patate e fagiolini, i ripieni di verdura e di carne, le torte salate e la pasta ripiena. Solo un'avvertenza: la maggiorana va usata

Maura Raggi in Val di Vara, La Spezia

con cautela regolandosi col gusto, perché il suo sapore intenso e particolare rischia di coprire quello degli altri ingredienti!

Noce moscata
La Liguria - e soprattutto Genova - è patria di marinai e mercanti. Per questo, sin dal Medioevo ha avuto accesso ad un straordinaria varietà di spezie provenienti da tutto il mondo. Eppure, forse anche perché anticamente destinate solo ad una ristretta élite di nobili che potevano permettersele, le spezie non sono molto utilizzate nella cucina ligure. Fanno però eccezione il pepe e la noce moscata. La noce moscata è la nota speziata della torta pasqualina, dei pansoti e dei ravioli genovesi, di tutti quelle preparazioni "ripiene" che probabilmente hanno avuto origine o erano molto diffuse nella classe più agiata e che, successivamente, hanno trovato posto anche sulle tavole dei meno ricchi.

Olio extravergine d'oliva
All'olio extravergine d'oliva ligure è dedicato un capitolo a parte. Qui basti ricordare che l'olio d'oliva è la principale fonte di grassi nell'alimentazione dei liguri. Si trova come base nella maggior parte delle ricette salate oppure come semplice condimento a crudo di insalate fresche, verdura bollita o pesce al forno. L'olio d'oliva è facilmente deperibile, quindi va conservato in un luogo fresco, asciutto e al riparo da luce diretta, meglio se in una bottiglia di vetro scuro oppure ricoperta di carta. Infine, va scelto sempre un olio il più possibile "nuovo", cioè prodotto nel periodo ottobre-gennaio più vicino.

Olive
Nel Ponente ligure, in particolare nella provincia di Imperia, le piccole e variopinte olive taggiasche non solo regalano un eccellente olio grazie alla loro carnosità, ma tradizionalmente vengono conservate anche in salamoia. Hanno un gusto fruttato, forte-dolce e quasi piccante: si servono come aperitivo, sono indispensabili nel coniglio alla ligure e insaporiscono sughi, stufati, pesce al forno, insalate e focacce.

Pinoli
Pur essendo uno degli ingredienti più costosi sul mercato, i pinoli sono alla base della cucina ligure. Non si usano solo per preparare il pesto, ma anche come

base oleosa per diverse salse e sughi, oppure per dare una nota dolce, resinosa e croccante a stufati, verdure saltate e piatti di pesce. Spesso si trovano impiegati anche nella pasticceria, specialmente quella secca.

I pinoli migliori sono quelli di Pisa e vanno conservati in frigorifero per brevi periodi, chiusi ermeticamente in un sacchettino.

Parmigiano

La conformazione del territorio ligure, principalmente montuosa, non ha mai permesso lo sviluppo di grandi allevamenti di animali. Di conseguenza, anche la produzione casearia è sempre stata limitata, per lo più circoscritta all'ambito locale e familiare. I formaggi, quindi, non sono protagonisti della cucina tradizionale, come invece avviene in altre Regioni d'Italia. Vi sono però alcune eccezioni. Fa eccezione ad esempio il Parmigiano Reggiano, importato dall'Emilia Romagna sin dal Medioevo, che viene utilizzato abbondantemente non solo nel pesto, ma anche per conferire sapidità e cremosità ai ripieni, alle torte salate e ai ravioli.

Prescinseua

La prescinseua è un formaggio fresco tipico dell'entroterra levantino di Genova, non facile da trovare in altre parti della Liguria e ancor meno nel resto d'Italia. È una cagliata di latte vaccino dalla consistenza simile a quella della ricotta, ma di sapore acidulo e con una leggera nota amarognola. È un formaggio che tende a rapprendersi in cottura, motivo per cui è utilizzato nelle ricette tradizionali come "legante" in torte di verdura, pasta ripiena e polpettoni. Se non si ha a disposizione la prescinseua, la si può sostituire mescolando 2 parti di ricotta con 1 parte di yogurt greco o panna acida.

Prebuggiun

Il prebuggiun è una miscela di erbe selvatiche di campo utilizzata nella cucina ligure per preparare minestre, ripieni per torte salate, ravioli "di magro" (come i pansoti) e frittate, oppure come leggero contorno.

Non è dato sapere con esattezza quali piante facciano parte di questo bouquet erboso secondo tradizione: ogni località e ogni famiglia contadina ha la propria versione, dettata dalla reperibilità locale e stagionale delle erbe e dai gusti personali. Secondo alcuni il prebuggiun dovrebbe contenere 7 specie diverse, secondo altri, 12. A livello indicativo e non esaustivo, concorrono a far parte del prebuggiun borragini, ortiche, bietole selvatiche, tarassaco, denti di leone, radicchio selvatico, pimpinella, piantaggine, papavero dei campi, rucola selvatica, cicoria e finocchio selvatico.

Oggi, a seguito dell'abbandono delle campagne e del conseguente impoverimento della cultura popolare, per poter continuare a cucinare i piatti della tradizione si tende a preparare questa miscela di erbe con quelle più facilmente reperibili in commercio come spinaci, bietole, borragini e scarola.

Vernazza, Cinque Terre

The Ligurian pantry

Some ingredients are never missing from the fridge or pantry of a Ligurian kitchen. They are indispensable products, selected over time to give flavor, crunchiness and structure, to accompany and occasionally elevate the star ingredients of the dish. Always choose the best and the freshest: certainly good advice for every cuisine in the world, but even more important in the Ligurian kitchen because so much is based on the essential aromas and flavors of a few raw ingredients.

Below is an indicative but not exhaustive list of items that should never be missing from your pantry if you are to cook like a Ligurian.

Salted anchovies

The salting of anchovies is an ancient practice. The abundance of this little blue fish in the Sea of Liguria has made salted anchovies one of the most flourishing industries of the Region for centuries (with Monterosso as its capital) and one of the most frequent ingredients in Ligurian preparations. This is because it's a source of precious animal protein available all year round, and also because their savor - even in very small amounts - give dishes a tasty flavour, rich and pleasant, now known as umami taste. We therefore often find them as a base in the soffritto for sauces and stews (not just of seafood) and in salads.

Garlic

Garlic makes Ligurian cuisine not just healthy, but also fragrant and tasty.
It's cooked to flavor soffritti, stews, baked fish and roast meats, but it's also often used raw. We find it chopped with parsley to season pasta or fish, in whole slices to flavor salads and crushed as a basis for raw sauces, the foremost being Pesto.
If used raw, the best variety is the one cultivated for centuries in Valle Arroscia, inland of Albenga, and known as "Aglio di Vessalico". A garlic with a sweet taste, slightly spicy and easily digestible, even when raw.

Basil

Basil is the king of Ligurian aromatic herbs. Probably imported from Asia in the medieval golden age of maritime trades, it found an ideal microclimate to thrive in the Ligurian lands overlooking the sea.
The variety used in Liguria is that of the "Genoese basil", with a small, clear, oval leaf. Its taste is sweet, aromatic, never bitter and without the mentholated

aftertaste that characterizes basil in every other part of Italy. In Genoa there is a hill facing the sea that has always been dedicated to the cultivation of basil, Prà, where the authentic Genoese basil DOP is produced.

This is generally harvested and sold in bundles in the market when the leaves are still light, small and tender, ideal for preparing pesto first of all, but also to perfume salads, soups and sauces. There is no Ligurian cook that doesn't have a pot of fresh basil on the windowsill to use as required!

Dried mushrooms

The Ligurian woods abound in mushrooms, especially porcini mushrooms, which rise at the foot of chestnut trees in summer and autumn. They are cut into thin slices and air-dried to last throughout the year. Like salted anchovies, dried mushrooms also give dishes a tastier flavor (umami), and are traditionally used to enrich stews, sauces, meatloaves and vegetable fillings.

Sailors' crackers

These are the bread of the Genoese sailors. A thin bread, baked twice, with a round shape and holes in the surface, based only on flour, water, yeast and salt, very hard and dry, and which remain crisp for a whole year. Packed on board ship for long trips at sea, these crackers were eaten by sailors after being soaked in sea water.

On the heights of Camogli, in San Rocco, is the last remaining Ligurian bakery, still baking sailor's crackers according to the traditional recipe since 1885.

In Ligurian cuisine they appear as a base for many traditional salads including condigiun, capponada and cappon magro, but also to give body and substance to fish soups, such as bagnun d'acciughe and buridda.

Marjoram

If basil is the king of Ligurian herbs, marjoram is the queen. A distant cousin of oregano, marjoram is always used fresh, and has an enveloping, sweet, almost fruity scent. It's the smell that characterizes potato and green bean meatloaf, the stuffing of vegetables and meat, savory pies, stuffed pasta.

Just a warning: marjoram should be used judiciously, according to taste because its intense and particular flavor can smother that of other ingredients!

Nutmeg

As homeland of sailors and merchants, Liguria, and Genoa above all, has had access to an extraordinary variety of spices from all over the world since the Middle Ages. And yet (perhaps because in ancient times only a small elite of nobles could afford them), spices are not much used in Ligurian cuisine, with the exception of pepper and nutmeg.
Nutmeg is the spicy note of Pasqualina pie, of Pansotti and Genoese Ravioli, and of all those "stuffed" preparations that probably originated on the tables of the noble classes but subsequently took their place on the tables of the poorest.

Extra virgin olive oil

A separate section is dedicated to Ligurian extra virgin olive oil. Just remember that olive oil is the main source of fat in the Ligurian diet, the basis of most salty recipes as well as a simple dressing for fresh salads, boiled vegetables or baked fish. Olive oil is easily perishable, so it should be stored in a cool, dry place and away from bright sun, preferably in a dark glass bottle or covered with paper. Finally, always choose an oil as "new" as possible, produced in the precedent period October-January.

Olives

In Western Liguria, especially in the Province of Imperia, the small and colorful Taggiasca olives not only yield an excellent oil, but are also traditionally preserved in brine. They have a fruity taste, strong-sweet and almost spicy: they are served as an aperitif, and are indispensable to Ligurian rabbit. They flavour sauces, stews, baked fish, salads and focaccia.

Pine nuts

Despite being one of the most expensive ingredients in the market, pine nuts are a basic ingredient of Ligurian cuisine. They are not only used to prepare pesto, but also as an oily base for different sauces or to give a sweet, resinous and crispy note to stews, sauteed vegetables and fish. They are often employed in pastry, especially dry. The best ones to choose are from Pisa and should be kept, for short periods, hermetically closed in the refrigerator.

San Fruttuoso, Riviera di Levante

Parmesan cheese

The conformation of the mainly mountainous Ligurian territory, has never allowed the development of large livestock farms and therefore dairy production has always been limited; mostly local and family oriented. Cheese, therefore, is not such a mainstay as it is in other Italian regional cuisines. The exception is Parmigiano Reggiano, imported from Emilia Romagna since the Middle Ages, which is used abundantly, not only in pesto, but also to give flavor and creaminess to fillings, pies and ravioli.

Prescinseua

Prescinseua is a fresh cheese typical of the Levantine hinterland of Genoa, difficult to find in other parts of Liguria, and even more so in other parts of Italy. It is a cow's milk curd, with a consistency similar to that of ricotta but with a sour taste and a slight bitter note. It is a cheese that tends to curdle in cooking, so it is used in traditional recipes as a "binder" in vegetable cakes, stuffed pasta and casseroles. When not available, it can be replaced by mixing 2 parts of ricotta with 1 part of Greek yogurt or sour cream.

Prebuggiun

The prebuggiun is a set of wild herbs picked in the field and used in Ligurian cuisine to prepare soups, stuffing for savory pies, meatless ravioli (e.g. Pansotti), frittatas or as a light side dish.

Which plants traditionally constitute this herby bouquet is not known exactly, for each locality (and every peasant family) has its own version, dictated by local and seasonal availability and personal taste. According to some, there should be 7 different ingredients, 12 according to others. At the indicative but not exhaustive level, the following herbs contribute to the creation of prebuggiun: borages, nettles, wild swiss chard, dandelion, wild radicchio, plantain, field poppy, wild arugula, chicory and wild fennel.

With the abandonment of the countryside today (to the consequent impoverishment of popular culture), we tend to prepare this mixture of herbs with those more easily available in the marketplace, such as spinache, swiss chard, borage and escarole in order to continue cooking traditional dishes.

Verezzi, Riviera di Ponente

L'olio d'oliva ligure

L'olio extravergine di oliva ligure racchiude in sé i sapori, i profumi, le tradizioni e l'anima del territorio in cui nasce. Per i liguri, l'olio d'oliva non è solo un ingrediente fondamentale della propria tradizione culinaria, né tanto meno solo un condimento. Per i liguri, l'olio è storia. La coltura dell'ulivo in Liguria ha plasmato il territorio, influenzato i traffici commerciali, aperto vie di comunicazione, cadenzato le stagioni e i ritmi di intere generazioni.

I primi cenni relativi alla produzione di olio d'oliva in Liguria risalgono al **III secolo a.C.**, durante la dominazione romana. Tuttavia, la coltivazione dell'ulivo rimarrà per secoli marginale, o, meglio, in "aggregato" ad altre colture importanti come vite, alberi da frutto e terreni seminativi.
Sarà intorno all'**anno 1000** che si registrerà un notevole incremento della coltivazione dell'ulivo a scapito delle altre colture. Storicamente ciò viene attribuito all'intervento dei monaci benedettini, che introdussero la coltivazione dell'oliva taggiasca (frutto resistente e di grande resa) nel Ponente Ligure, e a quello dei monaci cistercensi della Valle Argentina. A questo si aggiunse poi l'impennata del prezzo dell'olio d'oliva a seguito della peste a metà del XIV secolo. Si tratterà di una messa a coltura sempre più intensiva, che sfocerà nella **maestosa opera di terrazzamento a secco** del territorio e che cambierà per sempre il paesaggio delle Riviere. Da questo momento la produzione dell'olio d'oliva crescerà in modo esponenziale, alimentando un fiorente traffico commerciale europeo a partire dal XV secolo. Nel XIX secolo, poi, nasceranno le **grandi aziende** capaci di produrre molti quintali d'olio d'oliva e di esportare anche oltreoceano.

Oggi l'eccellenza dell'olio d'oliva ligure è rappresentata dalle produzioni che possono vantare la **Denominazione di Origine Protetta (DOP) "Riviera Ligure"**, il marchio comunitario di tutela che garantisce che le olive impiegate, il frantoio che le ha lavorate e l'azienda che ha imbottigliato l'olio sono tutti liguri.
Come tutti gli oli d'oliva extravergini, anche quello ligure è ottenuto dalla prima spremitura delle olive e solo attraverso procedimenti meccanici come la pressione, la centrifugazione e lo sgocciolamento naturale a freddo, senza utilizzo di sostanze chimiche di raffinazione. Inoltre, grazie alle verifiche effettuate dal **Consorzio di Tutela** costituito nel 2001, l'olio DOP Riviera Ligure è controllato in campo e in frantoio e può essere imbottigliato solo se supera determinate analisi chimiche, fisiche e sensoriali di assaggio.

Olive taggiasche, Imperia

Antonio Mela, Frantoio di Sant'Agata D'Oneglia

L'olio extravergine di oliva DOP Riviera Ligure prevede **tre menzioni geografiche differenti** (o sottozone) che presentano caratteristiche ricorrenti:

• **Riviera dei Fiori** (prodotto da Ventimiglia ad Andora). Qui viene utilizzata la varietà di oliva Taggiasca almeno per il 90%.
L'olio ottenuto è color giallo tenue e limpido, ha note olfattive vegetali che rimandano al carciofo, con sentori di mandorla che si ritrovano persistenti sia al gusto che in chiusura. Al palato è morbido e avvolgente, equilibrato, dolce. Ideale con risotti ai frutti di mare, verdure, bolliti di pesce ma anche per la preparazione di torte e biscotti.

• **Riviera del Ponente Savonese** (prodotto da Alassio a Varazze). Qui prevale la varietà di oliva Taggiasca, almeno al 50%, unita ad altre varietà locali.
L'olio si presenta di colore giallo chiaro dalle lievi sfumature verdoline, ha profumi mediamente intensi di oliva, freschi e puliti. Al palato è morbido e rotondo, amaro e piccante sono armonici. In chiusura sentori di mandorla, mela e lieve punta piccante. È ideale con spaghetti alle vongole, fritti e carni bianche.

• **Riviera di Levante** (prodotto nelle province di Genova e La Spezia).
Qui vengono utilizzate le varietà Lavagnina - soprattutto nel Golfo del Tigullio - Pignola e Ravazzola almeno per il 55%, unite ad altre varietà locali (tra cui Rossese, Lantesca e Olivastrone).
L'olio è di colore giallo oro con qualche riflesso verde. Si apre al naso con freschi sentori vegetali di carciofo; al gusto è armonico, con una punta di piccante persistente e progressiva; ha toni mandorlati e rimanda alle erbe di campo. È ideale con insalate verdi e di mare e formaggi.

Liguria's olive oil

Ligurian extra virgin olive oil contains all the aromas, flavors, traditions and the soul of the territory from which it comes. For Ligurians, olive oil is not just a fundamental ingredient of their culinary tradition, nor just a condiment. For Ligurians, oil is "history". The cultivation of olive trees in Liguria has shaped the territory, influenced trade, opened communication routes, timed the seasons and rhythms of entire generations.

The first signs of olive oil production in Liguria date back to the **III century B.C.** under Roman domination, but the cultivation of the olive tree remained marginal for centuries, mostly in "aggregate" to other more dominant crops, such as vines, fruits and seeds.
Only around the **year 1000** was there a significant increase in olive cultivation, to the detriment of other crops. Historically, this is attributed to Benedictine monks, who introduced cultivation of the "taggiasca" olive (a very resilient fruit and of great yield) to Western Liguria, and also the Cistercian monks in Valle Argentina. A further boost came from the rising price of olive oil as a result of plague in the mid 14th century. It was an increasingly intensive cultivation that would result in **the majestic work of terracing** that forever changed the landscape of the Ligurian territory. Olive oil production would grow exponentially, fueling a European trade flourishing since the 15th century. With the mechanization of the 19th century, **large companies** capable of producing many quintals of olive oil and exporting overseas were born.

Today the excellence of Ligurian olive oil is represented by those products that can boast **Protected Designation of Origin (DOP) "Riviera Ligure"**, the European Community trademark that guarantees that the olives, the mill that worked them and the company that bottled the oil are all Ligurian.
Like all extra virgin olive oils, the Ligurian one is obtained directly from the first pressing of the olives and only through mechanical processes such as pressure, centrifugation and natural cold dripping, without the use of refining chemicals. Thanks to the controls of the Consortium of Protection established in 2001, the DOP Riviera Ligure oil is controlled in the field and in the mill and can only be bottled if it passes certain chemical, physical and sensory tasting analyses.

The extra virgin olive oil DOP Riviera Ligure provides **three different geographical indications** (or sub-areas) that bring with them their own consistent characteristics:

• **Riviera dei Fiori** (produced from Ventimiglia to Andora) where the Taggiasca olive variety is used for at least 90% of yield.
The oil obtained is pale yellow and clear, has vegetal olfactory notes reminiscent of artichoke, with hints of almond that persists in both the taste and in the finish. The palate is soft and enveloping, balanced and sweet. Ideal with seafood risotto, vegetables, boiled fish but also for the preparation of cakes and biscuits.

• **Riviera del Ponente Savonese** (produced from Alassio to Varazze), where the Taggiasca olive variety prevails for at least 50% of the product, with other local varieties.
The oil shows a pale yellow color with slight greenish nuances, has average intense aromas of olive, fresh and clean. The palate is soft and round, harmoniously bitter and spicy. In the finish, hints of almond, apple and a light spicy tip. It is ideal with spaghetti with clams, fried and white meats.

• **Riviera di Levante** (produced in the provinces of Genoa and La Spezia) where the varieties Lavagnina - especially in the Gulf of Tigullio - Pignola, Ravazzola, are used in at least 55% of the product, combined with other local varieties (including Rossese, Lantesca and Olivastrone).
The oil is golden yellow with some green reflections. It opens to the nose with fresh vegetal hints of artichoke; the taste is harmonious, with a hint of persistent and progressive spiciness; it has almond tones and references to wild herbs. It is ideal with green and seafood salads and cheeses.

41

Antipasti - *Appetizers*

43 Acciughe marinate al limone

Lemon marinated fresh anchovies

Anche conosciute come "acciughe all'ammiraglia", le acciughe marinate al limone sono uno degli antipasti più comuni nella cucina ligure. Si preparano spesso nei pranzi estivi di famiglia e si trovano immancabilmente tra gli "antipasti misti" dei ristoranti che offrono cucina tipica. Il segreto per l'ottima riuscita di questa ricetta è solo uno: acciughe freschissime e di stagione!

Also known as "anchovies all'ammiraglia", anchovies marinated with lemon are one of the most common starters of Ligurian cuisine. They are often prepared for family lunches, and invariably found among the "mixed appetizers" of restaurants that offer typical cuisine. The secret for success: just really fresh anchovies and of the season!

Ingredienti
Dosi per 4 persone
- **500 g di acciughe fresche**
- **Succo di 4 limoni**
- **Olio EVO q.b.**
- **Sale q.b.**
- **Pepe nero q.b.**
- **Origano, timo, erba Luisa (opzionali)**

Ingredients
Serves 4
- 500 g (1lb) of fresh anchovies
- 4 lemons, their juice
- Extra virgin olive oil
- Salt
- Black pepper
- Oregano, thyme, lemon verbena (optional)

Procedimento
Pulite le acciughe sotto l'acqua corrente togliendo interiora, testa e lisca e aprendole a libro. Per eliminare completamente il rischio che si sviluppino parassiti o altri patogeni, asciugatele, disponetele in un contenitore e mettetele in freezer per 4 giorni.

Scongelate le acciughe facendole tornare a temperatura ambiente lentamente. Disponetele quindi in una pirofila, copritele con il succo di limone e lasciatele marinare per circa 3 ore.

Scolate la marinatura, tamponate leggermente le acciughe con un panno e adagiatele su un ampio piatto di portata (non dovrebbero sovrapporsi completamente).

Salatele e copritele con abbondante olio extravergine d'oliva e una macinata di pepe nero. Se vi piace, conditele anche con poco origano e qualche foglia fresca di erba Luisa e timo. Copritele e lasciatele insaporire ancora un paio d'ore nel frigo prima di servirle.

Procedure
Clean the anchovies under running water, removing entrails, head, inner spine and flatten into a butterfly. To completely eliminate the risk of parasites or other pathogens, dry them, place them in a container and put them in the freezer for 4 days.

Then defrost slowly to room temperature. Place the anchovy fillets in a deep dish, cover with lemon juice and let them marinate for 3 hours.

Drain the marinade, pat the anchovies with a cloth and place them on a large serving plate (they should not overlap completely).

Season with salt and cover with plenty of extra virgin olive oil and a ground of black pepper. If you like, season with a little oregano, some leaves of lemon verbena and fresh thyme. Cover and place in the refrigerator for another couple of hours so that the flavors combine before serving.

Vino - Wine
Pigato Riviera Ligure di Ponente DOC

45

Acciughe fritte
Fried anchovies

● ○ ○

Ingredienti
Dosi per 4 persone
- **500 g di acciughe fresche**
- **125 g di farina**
- **1 L di olio di arachidi per friggere**
- **1 limone**
- **Sale q.b.**

Ingredients
Serves 4
- 500 g (1 lb) of fresh anchovies
- 125 g (½ cup) of flour
- 1 l (8 fl oz) of peanut oil for frying
- 1 lemon
- Salt

Procedimento

Pulite le acciughe sotto l'acqua corrente togliendo testa e interiora. Lasciate invece la lisca: eviterà che le acciughe si aprano in cottura. Fatele scolare bene e tamponatele con un panno asciutto.

Versate l'olio di arachidi in una pentola dai bordi alti e portatelo a temperatura (175-180°C). Mentre l'olio si scalda, infarinate le alici: mettete la farina in una ciotola capiente e tuffatevi dentro i pesci, avendo cura poi di scuoterli dolcemente per eliminare la farina in eccesso.

Quando l'olio avrà raggiunto la giusta temperatura, cuocete le acciughe, poche per volta, per circa 1-2 minuti o fino a quando saranno dorate in modo uniforme.

Fatele scolare su un piatto foderato di carta assorbente. Spolverate di sale fino e guarnite con qualche spicchio di limone prima di servirle ben calde.

Procedure

Clean the anchovies under running water, removing head and entrails. Leave the fishbone, it will prevent the fishes from opening in cooking. Drain well and pat dry.

Pour peanut oil into a deep pan and bring it to temperature (175-180°C - 350°F).

While the oil heats, flour the anchovies: put the flour in a large bowl and dredge over the fish. Shake them gently to remove the excess flour.

When the oil reaches the right temperature, cook the anchovies, a few at a time, for about 1-2 minutes or until they are evenly golden brown.

Let them drain on a plate lined with paper towels. Sprinkle with salt, garnish with lemon wedges and serve hot.

Vino - Wine
Bianchetta Genovese Golfo del Tigullio Portofino DOC

46 *Brandacujun*

● ○ ○

Il brandacujun è un piatto tradizionale della Riviera di Ponente, preparato con stoccafisso (più raramente baccalà), patate e una generosa dose di olio extravergine d'oliva.

Diverse sono le leggende sull'origine del nome "brandacujun". Secondo la più accreditata la prima parte del nome deriverebbe dal verbo provenzale "brandare" cioè "scuotere", perché il procedimento essenziale per amalgamare pesce e patate prevede vigorose scrollate della pentola chiusa. La seconda parte del nome, invece, potrebbe riferirsi al fatto che una volta il compito di scuotere la pentola era riservato al "cujun" del gruppo, cioè al meno furbo.

Ingredienti

Dosi per 4 persone

- 750 g di stoccafisso già ammollato
- 1 carota
- 1 costa di sedano
- 1 cipolla bianca piccola
- 500 g di patate
- 1 spicchio d'aglio schiacciato
- 8 cucchiai di olio EVO
- 4 cucchiai di prezzemolo fresco tritato
- 3 cucchiai di succo di limone
- Sale q.b.
- Pepe nero q.b.

Procedimento

Tagliate a pezzi lo stoccafisso, mettetelo in una pentola bassa e capiente piena di acqua salata. Aggiungete carota, sedano e cipolla (già puliti) e fate bollire per circa mezz'ora.

Mettete le patate con la buccia in acqua fredda e salata e fatele bollire. Cuocete per 30 minuti o fino a quando saranno tenere. Sbucciate le patate ancora calde e schiacciatele con una forchetta.

Scolate lo stoccafisso, pulitelo da lische e pelle e sminuzzate la carne con le mani. Mettete le patate e lo stoccafisso nella pentola di cottura dello stoccafisso, aggiungete l'aglio schiacciato, l'olio, il prezzemolo, il succo di limone, una macinata di pepe nero e regolate di sale.

Coprite la pentola con il coperchio e scuotetela dal basso verso l'alto (questo è il gesto del "brandare" da cui prende il nome la ricetta) per un paio di minuti, in modo da mantecare bene gli ingredienti. Se preferite, potete anche mescolare velocemente con un cucchiaio di legno.

Lasciate riposare per almeno un paio d'ore (o anche una giornata intera) e riscaldate prima di servire.

Potete servirlo come piatto principale oppure come antipasto spalmato su crostini di pane.

Vino - Wine
Vermentino Riviera Ligure di Ponente DOC

Brandacujun is a traditional dish from West Liguria. It's prepared with stockfish (occasionally salted cod), potatoes and plenty of extra virgin olive oil.

There are several legends about the origin of the name. The most reliable says that the first part of the name would derive from the Provencal verb "brandare" which means "to shake", because it's essential to thoroughly mix fish and potatoes with vigorous shakes of the lidded pot. The second part of the name might refer to the fact that once upon a time, the task of shaking the pot was reserved for the "cujun" of the group, that is, the least clever.

Ingredients
Serves 4
- 750 g (1.65 lbs) of pre-soaked stockfish
- 1 carrot
- 1 celery stalk
- 1 small white onion
- 500 g (1 lb) of unpeeled potatoes
- 1 clove of garlic, crushed
- 8 tablespoons of extra virgin olive oil
- 4 tablespoons of fresh parsley, chopped
- 3 tablespoons of lemon juice
- Salt
- Black pepper

Procedure
Cut the stock fish in pieces, put it in a shallow wide pan of salted water. Add the washed carrot, celery and onion and boil for about half an hour.

Cover the potatoes in cold salted water and boil until tender with the skin on (maybe 30 minutes). Peel the potatoes while hot and mash with a fork.

Drain the stock fish, separate the bones and skin and mince the cooked fish by hand. Put the potatoes and stockfish in the shallow pan, add the crushed garlic, oil, parsley, lemon juice, a generous grind of black pepper and salt.

Cover the pot with the lid and shake up and down vigorously for a few minutes in order to mix the ingredients well. If you prefer, you can also stir it quickly with a wooden spoon.

Let the mixture rest at least a couple of hours (or even a day) so that the flavors combine, and warm before serving. Serve as a main dish or as an appetizer spread on bread croutons.

vo Ligure, *Riviera di Ponente*

50

Panissa, insalata di panissa e panissette

Panissa, panissa salad and panissette

La panissa è il trionfo della farina di ceci (insieme alla sorella farinata, vedi pag. 220). Il cece è un legume antico, conosciuto già in epoca romana e diffuso in tutto il Mediterraneo. L'intuizione di ridurre i ceci secchi in farina è quasi certamente ligure. Un tempo, con la farina di ceci si preparava una polentina, la panissa appunto, che era un piatto calorico e a basso costo, il pasto veloce e frugale di operai e portuali, consumato nelle osterie o più spesso preparato a casa e consumato nelle gamelle in pausa pranzo.

Da cibo povero e quasi dimenticato quale era, grazie alla sua indiscutibile bontà oggi la panissa ha trovato di nuovo posto sulla tavola dei liguri, principalmente come stuzzicante antipasto. Spesso infatti si consuma fredda nella sua versione tagliata a listarelle e poi fritta oppure tagliata a cubetti e condita in insalata come in questa ricetta.

Ingredienti
Dosi per 4 persone
Per la panissa
- 250 g di farina di ceci
- 1 lt d'acqua
- 8 g di sale

Per l'insalata
- 1 piatto di panissa
- 1 cipollotto da insalata
- 30 g di olive taggiasche denocciolate
- 1 cucchiaio di erba cipollina finemente tritata
- 3 cucchiai di olio EVO
- 1 cucchiaino di succo di limone
- Sale q.b.
- Pepe nero q.b.

Per le panissette
- 1 piatto di panissa
- 1 L di olio di arachidi per friggere

Panissa
Scaldate l'acqua in una pentola dai bordi alti (possibilmente antiaderente). Salate l'acqua e, quando raggiunge una temperatura di circa 40°C (cioè quando, toccandola con un dito, la sentite calda), versatevi a pioggia la farina di ceci setacciata, mescolando con una frusta in modo che non si formino grumi. Lasciate cuocere a fuoco lento per 45 minuti rimescolando spesso per evitare che la farina si attacchi al fondo della pentola e che si creino grumi.

Versate quindi la panissa in due piatti fondi leggermente unti e lasciatela riposare per un paio d'ore, o fino a quando non si sarà completamente rassodata.

Insalata di panissa
Tirate fuori la panissa rassodata dal piatto, tagliatela a cubetti di ½ cm circa e mettetela nel piatto di portata.

Aggiungete il cipollotto tagliato a fettine sottili, le olive taggiasche e l'erba cipollina tritata. Condite con l'olio extravergine d'oliva e un cucchiaino di succo di limone. Regolate infine con sale e pepe nero a piacere.

Panissette
Tagliate la panissa a fette sottili spesse ½ cm oppure a bastoncini come le patatine fritte.

In un pentolino dai bordi alti, portate a temperatura l'olio per friggere (180°C).

Immergete i pezzetti di panissa nell'olio pochi per volta e friggete per 5 minuti o fino a quando la loro superficie sarà dorata e croccante, mescolando spesso per evitare che si attacchino al fondo della pentola.

Scolate le panissette su carta assorbente e servitele ben calde.

Vino - Wine
Colli di Luni
Vermentino DOC

Panissa is one of the triumphs of chickpea flour (together with her sister farinata, see page 221). Chickpea is an ancient legume known since Roman times and widespread throughout the Mediterranean, and the intuition to grind dry chickpeas into flour is almost certainly from Liguria. Once, preparing a polenta with chickpea flour was a way to fill your stomach with a low-cost, filling food, a fast and frugal meal for workers and dockers, sometimes found in taverns, or more often prepared at home and eaten on a lunch break.

Today, this humble food has retaken a noble place at the table, thanks to its indisputable goodness, mainly as an aperitif, in a version cut into strips and fried as panissette or cubed and seasoned in salad.

Ingredients
Serves 4
For making panissa
- 250 g (8.8 oz) of chickpea flour
- 1 lt (4 ¼ cups) of water
- 8 g (0.35 oz) of salt

For the panissa salad
- 1 plate of cooked panissa
- 1 salad onion
- 30 g (1 oz) of stoned taggiasca olives
- 1 tablespoon of finely chopped chives
- 3 tablespoons of extra virgin olive oil
- 1 teaspoon of lemon juice
- Salt
- Black pepper

For the panissette
- 1 plate of panissa
- 1 lt (33 fl oz) of peanut oil for frying

Panissa
Heat the water in a deep non-stick saucepan. Add salt, and when it reaches a temperature of about 40°C (100°F), or when it feels hot to the touch, whisk in the sifted chickpea flour (slowly, to avoid lumps). Let simmer over low heat for 45 minutes, stirring often with a wooden spoon to avoid sticking or creating lumps.

Then pour the panissa into two lightly greased shallow bowls. Cover with parchment paper and leave to cool a couple of hours or until completely firm.

Panissa salad
Cut the panissa into 1 cm cubes (⅓ inch) and place on the serving plate.

Add the thin sliced onion, the Taggiasca olives and the chopped chives. Season with extra virgin olive oil and a teaspoon of lemon juice. Finally, season with salt and black pepper to taste.

Panissette
Cut the panissa into thin slices half a cm (⅓ inch) thick or in batons like French fries.

Heat the frying oil (to 180°C - 356°F) in a deep pot. Submerge the pieces of panissa in the oil a few at a time and fry for 5 minutes or so, until their surface is golden and crisp. Keep them moving to prevent them from sticking to the bottom of the pot.

Drain on paper towels and serve hot.

54

Frisceu
Fried dough

● ○ ○

Ingredienti
Dosi per 4 persone
- **200 g di farina**
- **5 g di lievito di birra**
- **200 ml di acqua gassata fredda**
- **1 pizzico di sale**
- **1 mazzetto di maggiorana**
- **Olio di arachidi per friggere**

Ingredients
Serves 4
- 200 g (1 ½ cup) of all purpose flour
- 5 g (1 teaspoon) of fresh yeast or 3 g (½ teaspoon) of active dry yeast
- 200 ml (7 fl oz) of cold sparkling water
- 1 pinch of salt
- 2 heaped tablespoon of chopped fresh marjoram
- Peanut oil for frying

Procedimento
Sciogliete il lievito di birra in poca acqua tiepida (50 ml circa).

In una ciotola versate la farina, il sale e il lievito sciolto e iniziate ad amalgamare tutti gli ingredienti, unendo poco alla volta l'acqua gassata, fino ad ottenere una pastella liscia e consistente, fluida ma non liquida, senza grumi, tipo polentina. Aggiungete la maggiorana fresca finemente tritata. Coprite la ciotola con un piatto e lasciate riposare la pastella a temperatura ambiente per almeno mezz'ora.

Riscaldate l'olio di arachidi in un pentolino dai bordi alti.

Quando l'olio giunge a temperatura, versate la pastella poco alla volta aiutandovi con un cucchiaino. Friggete 8-10 frittelle per volta e poi scolatele su carta assorbente. Ripetete l'operazione fino ad esaurimento della pastella.

Servitele ben calde e spolverate di sale fino.

Procedure
Dissolve the fresh yeast in a little warm water (about 50 ml) or prepare the dry yeast according to label instructions.

In a bowl, pour the flour, salt and yeast and begin to mix together by adding the sparkling water a little at a time, until you get a smooth and consistent batter, fluid but not liquid, like pancakes, and lump-free. Add the chopped marjoram.

Let the batter rest at room temperature, covered with a plate, for half an hour.

Heat the peanut oil for frying in a deep pan.

When the oil is hot, drop in the batter a little at a time, using two teaspoons to help you. Fry several spoonfuls at a time and drain on paper towels. Repeat until the batter is exhausted.
Sprinkle with salt and serve hot.

Vino - Wine
Lumassina frizzante IGT
Colline Savonesi

55 Frittelle di baccalà
Cod fritters

Ingredienti
Dosi per 4 persone
- 700 g di baccalà già dissalato
- 200 g di farina
- 5 g di lievito di birra
- Acqua gassata fredda
- 1 pizzico di sale
- 1 cucchiaio colmo di prezzemolo fresco tritato
- Olio di arachidi per friggere

Ingredients
Serves 4
- 700 g (1.5 lbs) of pre-soaked (desalinated) salted cod
- 200 g (1 ½ cup) of all purpose flour
- 5 g (1 teaspoon) of fresh yeast or 3 g (½ teaspoon) of active dry yeast
- Cold sparkling water
- 1 pinch of salt
- 1 heaped tablespoon of chopped fresh parsley
- Peanut oil for frying

Procedimento
Sciogliete il lievito di birra in poca acqua tiepida (50 ml circa).

In una ciotola versate la farina, il sale, il prezzemolo tritato, il lievito sciolto e iniziate ad amalgamare tutti gli ingredienti, unendo poco alla volta l'acqua gassata, fino ad ottenere una pastella liscia e consistente, fluida ma non liquida (una consistenza simile alla polenta), senza grumi. Coprite la ciotola con un piatto e lasciate riposare la pastella a temperatura ambiente per mezz'ora.

Nel frattempo sciacquate il baccalà, asciugatelo bene e tagliatelo a cubetti di circa tre centimetri per lato.

Riscaldate l'olio di arachidi in un pentolino coi bordi alti.

Passate i pezzetti di baccalà dentro la pastella, avendo cura di coprirli in modo uniforme, poi friggeteli nell'olio bollente fino a completa doratura.

Fate scolare le frittelle su carta assorbente e servitele ben calde.

Procedure
If using fresh yeast, dissolve it in a little warm water (about 50 ml).

In a bowl pour the flour, salt, chopped parsley, the yeast (dissolved fresh or active dry) and begin mixing all the ingredients by adding the sparkling water a little at a time until you get a smooth, consistent lump-free batter, like a pancake batter.

Leave to rest at room temperature, covered with a plate, for half an hour.

Meanwhile, rinse the cod, dry well and cut it into pieces of about 1 inch per side.

Heat the peanut oil in a deep frying pan.

Dip the pieces of cod in batter, covering them evenly, then transfer directly in the hot oil, stirring from time to time, until golden.

Remove with a slotted spoon and transfer to absorbent paper. Serve hot.

Vino - Wine
Val Polcevera
DOC Coronata

56

Barbagiuai (ravioli di zucca fritti)
Pumpkin fried ravioli

Quella dei barbagiuai è una ricetta tradizionale delle valli dell'entroterra di Imperia. Sono ravioli fritti ripieni con una farcia che varia a seconda della zona. La ricetta più diffusa prevede una farcia di zucca e bruss (una ricotta fermentata di capra dal sapore deciso e piccante). Altri invece abbinano la zucca a riso o fagioli.

Il particolare nome di questi ravioli fritti sembra derivare da "zio Giovanni" (barba Giuà), probabilmente il cuoco inventore di questa specialità.

Ingredienti
Dosi per 6 persone
Per la sfoglia
- **250 g di farina 00**
- **100 ml di acqua tiepida**
- **2 cucchiai di olio EVO**
- **1 pizzico di sale**

Per il ripieno
- **400 g zucca matura e soda già pulita e tagliata a cubetti**
- **2 cucchiai di olio EVO**
- **100 g di cipolla tritata finemente**
- **1 uovo**
- **50 g di riso (o di purea di fagioli di Pigna)**
- **3 cucchiai di Parmigiano**
- **1 cucchiaino di pecorino sardo (opzionale)**
- **1 cucchiaino di maggiorana finemente tritata**
- **Noce moscata q.b.**
- **Sale q.b.**
- **Pepe nero q.b.**
- **Olio di arachidi per friggere**

Vino - Wine
Colli di luni
Vermentino DOC

Procedimento
Innanzitutto preparate la pasta: impastate insieme tutti gli ingredienti a lungo fino ad ottenere un impasto liscio e omogeneo. Avvolgete la pasta nella pellicola trasparente e lasciatela riposare fuori dal frigorifero per mezz'ora.

Quindi preparate il ripieno. Fate cuocere il riso in acqua salata e quando è pronto mettetelo da parte.

Fate rosolare a fuoco lento la cipolla in due cucchiai di olio extravergine di oliva per 7 minuti.

Aggiungete la zucca a cubetti, salate e stufate a fuoco lento sotto un coperchio per 10 minuti o fino a quando la zucca sarà tenera. Se necessario, aggiungete un cucchiaio d'acqua. Versate la zucca in un piatto e lasciatela raffreddare un poco.

In una terrina schiacciate la zucca con una forchetta, aggiungete il riso, il Parmigiano, il pecorino, metà uovo precedentemente sbattuto, la maggiorana, un'abbondante macinata di pepe e un pizzico di noce moscata, poi mescolate bene. Regolate di sale.

Stendete la pasta con il mattarello fino ad ottenere una sfoglia sottile.

Ricavate dei quadrati della larghezza di 10 cm circa per lato e disponete al centro di ciascuno un cucchiaino di ripieno. Piegate in due i quadrati unendo gli angoli opposti in modo da ottenere dei triangoli ripieni. Pressate delicatamente per far uscire l'aria. Rifinite i bordi con una rotella da ravioli.

Friggete in abbondante olio di arachidi. Scolate su carta assorbente, salate a piacere e servite caldi.

Barbagiuai are a traditional recipe from the inland valleys of Imperia. They are fried ravioli with a filling that varies depending on the area. The most popular recipe is a filling of pumpkin and bruss (a fermented goat cheese with a strong spicy flavor), other recipes swap the pumpkin for rice or beans.
The particular name of these fried ravioli seems to derive from "uncle Giovanni" (barba Giuà) perhaps the inventor of this specialty.

Ingredients
Serves 6
For the dough
- 250 g (9 oz) of flour
- 100 ml (3.4 fl oz) of warm water
- 2 tablespoons extra virgin olive oil
- 1 pinch of salt
For the filling
- 400 g (14 oz) of ripe, firm pumpkin, cleaned and diced
- 2 tablespoons of extra virgin olive oil oil
- 1 small onion (100 g, 3.5 oz), finely chopped
- 1 egg, beaten
- 50 g (1.7 oz) of rice
- 3 tablespoons of Parmesan cheese
- 1 teaspoon of aged pecorino cheese (optional)
- 1 teaspoon of marjoram leaves, finely chopped
- Nutmeg
- Salt
- Black pepper
- Peanut oil for frying

Procedure
First prepare the dough: knead all the ingredients together at length until you get a smooth and homogeneous dough, wrap with plastic wrap and let it rest at room temperature for half an hour.

Cook the rice in salted water and when ready, set aside. Sauté the onion with two tablespoons of extra virgin olive oil over a low heat for 7 minutes. Add the cubed pumpkin, season with salt and cook, covered, over a low heat for 10 minutes or until the pumpkin is tender. If necessary, add a splash of water.

In a bowl, mash the pumpkin with a fork, add the cooked rice, Parmesan cheese, pecorino cheese, half the beaten egg, marjoram, plenty of ground pepper, a pinch of nutmeg and stir well. Taste and adjust salt.

Roll out the dough with a rolling pin to obtain a thin sheet. Cut squares about 10 cm (3 inches) wide and place a teaspoon of filling in the center of each. Fold in two by joining the opposite corners in order to obtain triangles. Trim the edges with a pasta cutter.

Fry in plenty of peanut oil. Drain on a paper towel, season with salt and serve hot.

60

Focaccette al formaggio di Megli
Cheese focaccette from Megli

● ○ ○

Per noi genovesi, le focaccette al formaggio rappresentano la meta golosa di una g ita fuoriporta, tra ulivi e limoni, a picco sul mare. Sono tipiche dell'entroterra di Recco, in particolare del piccolo paesino di Megli – una manciata di case attorno a un santuario affacciato sul Golfo Paradiso – dove ogni anno, a Pasquetta, si organizza la sagra. Queste focaccette si preparano con gli stessi ingredienti della più famosa focaccia al formaggio (vedi pag. 240), ma sono fritte e questo, si può immaginare, fa una gran differenza!

Ingredienti
Dosi per 12 focaccette
Per la pasta
- 250 g di farina 00
- 100 ml di acqua tiepida
- 2 cucchiai di olio EVO
- 2 g di sale

Per il ripieno
- 400 g di stracchino (o certosa)
- 1 L di olio di arachidi per friggere

Procedimento
Preparate la pasta: impastate insieme tutti gli ingredienti a lungo, fino ad ottenere un impasto liscio e omogeneo. Avvolgete l'impasto nella pellicola trasparente e lasciatelo riposare fuori dal frigorifero per mezz'ora.

Stendete quindi la pasta su un piano infarinato aiutandovi con un mattarello (o con la macchina per tirare la pasta), fino ad ottenere delle sfoglie di circa 2 mm di spessore. Tagliate le sfoglie in quadrati di circa 12 cm per lato.

Prendete un quadrato di pasta, stendete un paio di cucchiaini di stracchino al centro di una metà e piegatevi sopra l'altra metà (otterrete un rettangolo), facendola aderire bene perché non si formino bolle d'aria e premendo con le dita per sigillare bene i bordi. Con una rotella da ravioli rifilate i bordi per sigillare ulteriormente la pasta e per decoro. Procedete con i restanti quadrati, adagiandoli di volta in volta su un vassoio ben infarinato.

Versate l'olio di arachidi in una pentola per friggere dai bordi alti e portatelo a temperatura (circa 175°C).

Quando l'olio sarà caldo, immergetevi le focaccette poche per volta, avendo cura di bagnare con l'olio anche la superficie galleggiante per evitare che si rompano. Quando il lato immerso nell'olio sarà croccante ma non dorato (devono rimanere piuttosto pallide), capovolgetele con delicatezza e lasciate cuocere nello stesso modo l'altro lato.

Scolatele su carta assorbente e servitele caldissime!

Vino - Wine
Rossese Riviera Ligure di Ponente DOC

For us Genoese, cheese focaccette means a greedy trip out of town, to a destination among olive and lemon trees, overlooking the sea. They are typical of the hinterland of Recco, in particular the little village of Megli: a handful of houses around a Church overlooking the Paradise Gulf, where every year, on Easter Monday, locals organize their festival. The focaccette are prepared with the same ingredients as the more famous cheese focaccia (see page 241), but they are fried; and this, you can imagine, makes a big difference!

Ingredients
For 12 focaccette
For the dough
- 250 g (9 oz, 1 cup) of flour
- 100 ml (3.4 fl oz) of warm water
- 2 tablespoons of extra virgin olive oil
- 1 pinch of salt

For the filling
- 400 g (14 oz) of Stracchino (or Crescenza) cheese
- 1 L (2 pint) of peanut oil for frying

Procedure
Prepare the dough: knead all the ingredients together at length until you get a smooth and homogeneous dough, wrap with plastic wrap and let it rest at room temperature for half an hour.

Roll the dough on a floured surface with a rolling pin (or with the pasta machine) until you get sheets of about 2 mm (a credit card) thick. Cut the sheets in squares of about 12 cm (4 inches) per side.

Take a square of dough, lay a couple of teaspoons of Stracchino cheese in the center of one half of the square, fold the other half over (you will now have a rectangle) gently squeeze out any air bubbles and seal it well around the edges with your fingers. With a ravioli wheel, trim the edges to further seal the dough and for decoration. Place the finished focaccetta on a well-floured tray and proceed with the remaining squares.

Pour the peanut oil into a deep frying pan and bring it to temperature (about 175°C-340°F). When the oil is hot, dip the focaccette a few at a time: take care to immerse them quickly to avoid them breaking. Turn them once as the bottom crisps: they should be crisp, but quite pale instead of golden. Drain on paper towels and serve hot!

62

Gattafin (ravioli di erbette fritti)

Fried ravioli filled with herbs

● ○ ○

I gattafin sono un piatto storico della città di Levanto e dintorni. Il nome probabilmente deriva dalla parola trecentesca "gattafure", che un tempo indicava torte con ripieno. Nel Rinascimento, infatti, le torte di verdura hanno dato origine ai ravioli, che inizialmente venivano consumati fritti.

Un'altra ipotesi sull'origine del nome fa riferimento ai lavoratori della cava di pietra in località La Gatta, vicino a Levanto, i quali raccoglievano le erbe selvatiche della zona per far preparare il piatto alle loro mogli (da qui il nome di "finezze de La Gatta", cioè gattafin).

Ingredienti

Dosi per 6 persone

Per la sfoglia
- 250 g di farina 00
- 100 ml di acqua tiepida
- 2 cucchiai di olio EVO
- 2 g di sale

Per il ripieno
- 1 kg di prebuggiun (misto di erbe di campo) oppure di bietoline o di bietoline e borragini miste
- 200 g di cipolla bianca (circa 1 cipolla media) finemente tritata
- 4 cucchiai di olio EVO
- 4 cucchiai di Parmigiano grattugiato
- 2 cucchiaini di pecorino sardo grattugiato (facoltativo)
- 1 uovo
- 2 cucchiaini di maggiorana finemente tritata
- Noce moscata q.b.
- Sale q.b.
- Pepe nero q.b.
- Olio di arachidi per friggere

Procedimento

Preparate la pasta: impastate insieme tutti gli ingredienti a lungo fino ad ottenere un impasto liscio e omogeneo. Avvolgete la pasta nella pellicola trasparente e lasciatela riposare fuori dal frigorifero per mezz'ora.

Sbollentate le verdure in acqua salata per 5 minuti, poi scolatele, lasciatele raffreddare, strizzatele bene e tritatele finemente con un coltello.

Rosolate a fuoco lento la cipolla in due cucchiai d'olio extravergine d'oliva per 7 minuti. Aggiungete le verdure e lasciate che insaporiscano per 5 minuti. Spegnete e fate raffreddare.

In una ciotola combinate le verdure saltate, i formaggi, l'uovo, la maggiorana e un pizzico di noce moscata. Assaggiate e regolate di sale e pepe.

Stendete la pasta in una lunga sfoglia sottile larga 12 cm. Versate dei cucchiaini abbondanti di ripieno ben distanziati tra loro lungo una metà della sfoglia. Ripiegate l'altra metà della sfoglia sopra il ripieno, sigillate bene la pasta tra un ripieno e l'altro per far uscire l'aria e, con una rotella dentellata, tagliate la pasta tra un ripieno e l'altro per ottenere dei ravioloni (i gattafin).

Versate l'olio di arachidi in una pentola per friggere dai bordi alti e portatelo a temperatura (circa 185°C). Quando l'olio sarà caldo, immergetevi i gattafin, pochi per volta, avendo cura di girarli ogni tanto. Quando saranno dorati da ambo i lati, scolateli su carta assorbente, salateli in superficie e serviteli caldi.

Vino - Wine
Colline di Levanto
Vermentino DOC

Gattafin is a historic dish from the city of Levanto and its surroundings. The name probably comes from the fourteenth-century word "gattafure", which once indicated pies with stuffing. In the Renaissance, in fact, the vegetable pies gave rise to ravioli, which were initially eaten fried.

Another story on the etymology of the name would refer to the stone quarry workers in La Gatta, near Levanto, who collected the wild herbs of the area for their wives to prepare the dish.

Ingredients

Serves 6

For the dough
- 250 g (9 oz, 1 cup) of flour
- 100 ml (3.4 fl oz) of warm water
- 2 tablespoons of extra virgin olive oil
- 1 pinch of salt

For the filling
- 1 kg (2.2 lb) of mixed wild herbs, or chard, or chard and borage
- 1 medium white onion (about 200 g, 7 oz), finely chopped
- 4 tablespoons of extra virgin olive oil
- 4 tablespoons of grated Parmesan cheese
- 2 teaspoons of grated matured pecorino cheese (optional)
- 1 egg
- 2 teaspoons of marjoram leaves, finely chopped
- Nutmeg
- Salt • Pepper
- Peanut oil for frying

Procedure

Prepare the dough: knead all the ingredients together at length until you get a smooth and homogeneous dough, wrap with plastic wrap and let it rest at room temperature for half an hour.

Blanch the vegetables in salted water for 5 minutes, drain, let them cool, squeeze well and finely chop with a knife.

Brown the onion on a low heat in two tablespoons of extra virgin olive oil for 7 minutes. Add the veggies and let flavor for 5 minutes. Turn off and leave to cool.

In a bowl combine the sauteed vegetables, cheese, egg, marjoram and a pinch of nutmeg. Taste and season with salt and pepper.

Roll out the dough into long thin sheets 12 cm (4 inches) wide. Drop well-spaced spoonfuls of filling along one half of the dough, fold the dough over the filling, seal the dough well between the fillings by pressing with your fingers and with a pasta cutter cut many big ravioli (the "gattafin").

Pour the oil into a deep frying pan and bring to temperature (about 185°C-365°F). When the peanut oil is hot, dip the gattafin, a few at a time, taking care to turn them occasionally. When they are golden on both sides, drain on paper towels, sprinkle with salt and serve hot.

Vallebona, Riviera di Ponente

67

Sughi e salse - Gravy and sauces

70 *Pesto*

● ○ ○

Il pesto è la salsa ligure più famosa al mondo. La sua notorietà, tuttavia, è piuttosto recente: la ricetta, per come la intendiamo oggi noi genovesi, risale infatti alla metà del 1800 circa. Prima di allora, nel mortaio insieme ad aglio, olio e formaggio (per lo più pecorino sardo) si pestavano le più diverse erbe aromatiche. Poi, un giorno, un cuoco creativo decise di mettere come erba aromatica solamente il basilico: la ricetta ebbe così successo che nel giro di un secolo diventò il simbolo della nostra cucina.

Ai puristi del pesto gli ingredienti sono ben noti: basilico (a foglia piccola, preferibilmente quello di Prà), aglio (di Vessalico), pinoli (di Pisa), Parmigiano Reggiano (meglio se invecchiato più di 24 mesi), pecorino Fiore Sardo, olio extravergine d'oliva della Riviera Ligure e sale. Il pesto perfetto? Quello in cui tutti i sapori sono perfettamente equilibrati: l'erborinato del basilico, il dolce dei pinoli, il piccante dell'aglio e il cremoso e sapido dei formaggi.

Ingredienti
Dosi per 2-3 persone
- 50 g di in foglie di basilico (2 mazzi circa)
- 20 g pinoli
- 40 g di Parmigiano Reggiano 24 mesi grattugiato
- 15 g di pecorino sardo (Fiore Sardo) grattugiato o, in mancanza, di Parmigiano Reggiano
- 1 spicchio d'aglio (meglio se aglio di Vessalico)
- 3 g di sale grosso (sale fino se preparate il pesto usando il frullatore)
- 60-80 ml di olio EVO (meglio se "Riviera Ligure" DOP)

Vino
Vermentino Riviera Ligure di Ponente DOC

Procedimento - Al mortaio

Lavate il basilico in acqua fredda con delicatezza e mettetelo ad asciugare su un canovaccio. Le foglie devono essere ben asciutte prima di poter essere lavorate nel mortaio. Rimuovete bene tutto il gambo dalle foglie (è amarognolo e acquoso).

Mettete nel mortaio uno spicchio d'aglio piccolo. Aggiungete ⅓ dei pinoli e pestate fino a ridurre il tutto in crema. Togliete l'aglio schiacciato dal mortaio e mettetelo da parte, lo aggiungerete in un secondo momento. Mettete i restanti pinoli nel mortaio e riduceteli in crema.

Aggiungete 2/3 delle foglie di basilico fino a riempire il mortaio e un pizzico di sale grosso. Il sale grosso è necessario perché funziona da macina e permette di rompere le foglie di basilico mentre si usa il pestello. Iniziate a "pestare" con un movimento rotatorio del pestello lungo le pareti del mortaio. Le foglie di basilico vanno "stracciate" in modo che rilascino gli oli essenziali contenuti nelle vene interne. Lavorate le foglie fino a quando avrete ottenuto una crema omogenea. Aggiungete le foglie restanti, ancora pochi grani di sale grosso e lavorate il tutto nuovamente.

Quando anche le ultime foglie di basilico si saranno amalgamate, aggiungete il trito di aglio e pinoli lasciato da parte. Aggiungetene poco alla volta e regolate a piacere.

Aggiungete quindi i formaggi. Amalgamate e assaggiate. Regolate di sale se necessario.

Infine aggiungete l'olio, mescolando con delicatezza con un cucchiaio e facendo attenzione che non emulsioni.

Terminato il pesto, conservatelo in un vasetto di vetro sotto un leggero strato d'olio per evitare che si ossidi. Prima di usarlo per condire la pasta, stemperatelo con un paio di cucchiai di acqua calda della pasta mescolando energicamente. Otterrete così la giusta cremosità.

Procedimento - Con il frullatore

Se non avete abbastanza tempo (o semplicemente non avete un mortaio in marmo a disposizione), potete certamente preparare il pesto usando il frullatore. Questi i consigli da seguire, in particolare per evitare che il pesto si ossidi:

- prima della preparazione, mettete in freezer il boccale del frullatore e le lame in modo che diventino belli freddi;
- usate il frullatore ad intermittenza per evitare che le lame sviluppino calore;
- usate preferibilmente un frullatore ad immersione;
- mettete l'olio in frigorifero un'oretta prima di fare il pesto.

Gli ingredienti sono gli stessi. Cambia solo il sale, che dev'essere fino e non grosso. Tuttavia, consiglio vivamente di duplicare o triplicare le dosi per rendere più facile la preparazione (il pesto che avanza si può surgelare per un paio di mesi).

È invece importante variare l'ordine con cui si introducono gli ingredienti nel boccale. Inserite prima l'aglio, i pinoli e metà dell'olio. Frullate fino a ottenere una crema. Quindi aggiungete poco alla volta le foglie di basilico (ricordatevi di frullare a intermittenza). Terminato il basilico, aggiungete il formaggio e frullate. Quindi versate la restante parte d'olio, ma mescolate con un cucchiaio per evitare che l'olio emulsioni. Da ultimo aggiungete il sale (fino, non grosso).

Anche in questo caso, prima di condire la pasta stemperate il pesto con un paio di cucchiai di acqua calda della pasta mescolando energicamente.

72 Pesto

● ○ ○

Pesto is the most famous Ligurian sauce in the world. Its fame, however, is quite recent, for the recipe - as we make it today - only dates back to the mid-1800s. Before then, cooks used to crush many different aromatic herbs in the mortar together with garlic, oil and cheese (most usually Sardinian pecorino cheese). Then, one day, a creative cook decided to use basil as the only aromatic herb: The recipe was so successful that within a century it became the symbol of our cuisine.

For pesto purists the ingredients are well known: basil (with small leaf, preferably the basil grown on the hillside of Prà), garlic (harvested in the small village of Vessalico), pine nuts (from Pisa), Parmigiano Reggiano (best if aged longer than 24 months), a little pecorino Fiore Sardo, Ligurian extra virgin olive oil and salt. The perfect pesto? The one in which all the flavors are harmoniously balanced: the fresh herbal taste of basil, the sweet pine nuts, the spicy hint of garlic and the creamy and savory taste of the cheeses.

Ingredients
Serves 2-3

- 50 g (about 2 bunches, 1 packed cup) of basil leaves
- 20 g (1 heaped tablespoon) of pine nuts
- 40 g (1 ½ oz) of grated matured Parmesan cheese
- 15 g (½ oz) of Sardinia pecorino cheese (Fiore Sardo) or Parmesan cheese if unavailable
- 1 clove of garlic (Liguria's garlic of Vessalico is best for the most authentic pesto)
- 3 g (½ teaspoon) of coarse salt
- 60-80 ml (6-8 tablespoons) of extra virgin olive oil ("Riviera Ligure" D.O.P. for preference)

Wine
Vermentino Riviera Ligure di Ponente DOC

Method - With the mortar

Wash the basil leaves gently in cold water and leave to dry on a tea-cloth. The leaves must be dry before working them in the mortar. Remove and discard all the stems from the leaves (they are bitter and watery).

Put a small clove of garlic in the mortar. Add ⅓ of the pine nuts and beat until creamy. Remove the crushed garlic from the mortar and set aside, you will use it later. Put the remaining pine nuts in the mortar and reduce to a cream.

Add 2/3 of the basil leaves to fill up the mortar and a pinch of coarse salt. Coarse salt is necessary because it works as a grindstone and allows you to break and lacerate the basil leaves while using the pestle. Start beating with a rotary movement of the pestle along the walls of the mortar.

The basil leaves should be "torn", releasing the essential oils contained in the veins of the leaf. Work the leaves until you obtain a homogeneous cream. Add the remaining leaves, a few more grains of coarse salt and work again with the pestle.

When the last basil leaves have amalgamated, add the remaining pine nuts and the reserved garlic: Add a little at a time and taste as you go.

Then add the cheeses. Mix and taste, season with salt if necessary.

Finally add the oil, stirring gently with a spoon and being careful not to emulsify.

Once the pesto is finished, keep it under a thin layer of extra virgin olive oil to prevent it from oxidizing. Before using it to season your pasta, dilute it with a couple of tablespoons of hot pasta water, stirring vigorously. This is the way to get the right creaminess!

Method - With the blender

If you don't have much time, or don't have a marble mortar at your disposal, you can certainly prepare pesto using the blender. These are the tips to follow, to prevent your pesto from oxidizing:

- place the blender's jug and the blades in the freezer to cool;
- use the blender intermittently (on the pulse setting) to prevent the blades from developing heat;
- use an immersion/soup blender for preference;
- put the oil in the refrigerator to cool for an hour before making pesto.

The ingredients are the same, but I strongly recommend that you double or triple the quantities to make the preparation with the blender easier (you can freeze the leftovers for a couple of months).

It is important to change the order in which the ingredients are introduced into the blender cup. First, add garlic, pine nuts and half of the extra virgin olive oil. Blend until you get a cream. Then gradually add the basil leaves (remember to blend intermittently, with the pulse setting). After the basil, add the cheese and blend. Then pour in the remaining oil but stir with a spoon to prevent the oil from emulsifying. Finally add salt (fine salt in this case, not coarse).

Before using it to season your pasta, dilute your pesto with a couple of tablespoons of hot pasta water, stirring vigorously.

San Fruttuoso, Riviera di Levante

76

Salsa di noci
Walnut sauce

● ○ ○

La salsa di noci: forse la più antica delle salse liguri, genitrice di tutte le altre e fondamento del pattern ligure per eccellenza - semi oleosi, erbe aromatiche, formaggio e olio extravergine d'oliva. Le sue origini vengono fatte risalire all'epoca della prima crociata (1096-1099), quando i vittoriosi genovesi iniziarono ad importare le noci dai paesi arabi. Gli ingredienti di questa salsa sono pochi ma sapientemente equilibrati. In ordine di importanza troviamo: gherigli di noci (c'è chi li usa senza pellicina e chi, come me, salta l'operazione di pulitura perché ama un gusto più "ruspante" e una grana più ruvida), pane raffermo bagnato nell'acqua (o nel latte, ci sono varie scuole), qualche foglia di maggiorana, un cucchiaio di Parmigiano Reggiano, pochi pinoli tostati, sale e olio extravergine d'oliva. Una volta ottenuta una pasta densa la si stempera e si emulsiona con qualche cucchiaio di acqua di cottura della pasta. Fare oggi la salsa di noci al mortaio è un lavoro divertente, ma potrebbe essere effettivamente impegnativo. Farla con il frullatore, invece, è di una velocità quasi imbarazzante.

Ingredienti
Dosi per 6 persone
- **100 ml di latte intero**
- **50 g di pane bianco (circa 1 fetta), solo la mollica**
- **200 g di gherigli di noce**
- **½ spicchio d'aglio**
- **1 cucchiaio di Parmigiano grattugiato**
- **4 cucchiai di olio EVO**
- **20 foglie di maggiorana**
- **Sale q.b.**
- **Acqua tiepida**

Procedimento
Ammollate la mollica di pane nel latte. Quando il pane è completamente impregnato, scolatelo e strizzatelo leggermente con le mani (deve rimanere piuttosto bagnato).

Inserite nel frullatore il pane strizzato insieme a noci, aglio, maggiorana, Parmigiano e due pizzichi di sale. Frullate per un paio di minuti.

Aggiungete quindi l'olio e due cucchiai di acqua tiepida, poi frullate fino ad ottenere una crema densa.

Al momento di condire allungate la salsa di noci con alcuni cucchiai dell'acqua di cottura della pasta, fino a ottenere una salsa cremosa e vellutata.

Vino - Wine
Ciliegiolo Golfo del Tigullio
e Portofino DOC

Perhaps the oldest of the Ligurian sauces, the parent of all the others and the foundation of the Ligurian style par excellence - oilseeds, aromatic herbs, cheese and extra virgin olive oil. Its origins date back to the time of the First Crusade, when the victorious Genoese began to import this oily seed, the walnut from the Arab countries.
The ingredients are few but cleverly balanced, in order of importance: walnut kernels (there are those who use them without skin and those (like me), that skip the cleaning operation for love of a more "free-range" taste, stale bread soaked in water (or milk; there are several schools), a few leaves of marjoram, a spoonful of Parmesan cheese, a few toasted pine nuts, salt and extra virgin olive oil. The thick paste thus obtained is diluted and emulsified with a few tablespoons of boiling pasta water.

Ingredients
Serves 6
- ½ cup of milk
- 1 slice white bread (approx 50 g), crusts removed
- 2 cups (200 g) of walnuts kernels
- ½ clove of garlic
- 1 tablespoon of grated Parmesan cheese
- 4 tablespoons of extra virgin oil
- 20 leaves of marjoram
- Salt
- Lukewarm water

Procedure
Put the bread in a bowl and cover with the milk. When it is completely soaked, drain and squeeze gently with your hands.

Put the drained bread in the blender along with walnut kernels, garlic, marjoram leaves, Parmesan cheese and 2 pinches of salt. Blend for a couple of minutes until the walnuts are well crumbled and it turns smooth.

Add 4 tablespoons of olive oil and lukewarm water as needed to obtain a thick creamy sauce.

Before seasoning the pasta, dilute the walnut sauce with a few tablespoons of the hot pasta cooking water until it becomes creamy and velvet-smooth.

78 Tocco
Meat sauce

Non chiamatelo ragù, il tocco è un'altra cosa. Il sugo di carne dei genovesi, succulento e vellutato, si ottiene infatti dalla cottura lentissima di un unico grosso pezzo di carne di manzo (il "tocco", appunto). Sobbollendo per ore, la carne rilascia lentamente tutti i suoi succhi, che si mescolano e si confondono con il sapore degli altri ingredienti. Dopo 3 o 4 ore di cottura il risultato è un sugo piuttosto liquido, vellutato, leggermente lucido per il grasso rilasciato dalla carne. Forse ci sarà anche qualche pezzettino di carne qua e là, ma solo perché si è sfilacciata ed è scappata via in cottura. Nel tocco, infatti, il grosso pezzo di carne, una volta cotto, viene tolto e messo da parte per essere servito come secondo, magari con un purè di contorno, oppure usato per fare polpette o ripieni di verdura. Il tocco è la creatura che fa compagnia in cucina la domenica mattina, da curare e sorvegliare mentre sobbolle sotto il coperchio; nel frattempo, magari, si preparano i ravioli.

Ingredienti
Dosi per 6 persone
- **700 g di manzo (cappello del prete o sottopaletta) in un pezzo unico**
- **1 gambo di sedano**
- **1 cipolla bianca piccola**
- **1 carota**
- **4 cucchiai di olio EVO o 2 cucchiai di burro**
- **20 g di funghi secchi**
- **1 bicchiere (120 ml circa) di vino rosso**
- **2 cucchiai di concentrato di pomodoro**
- **1 cucchiaio di farina**
- **2 L di brodo di carne**
- **3 foglie di salvia**
- **1 foglia di alloro**
- **1 rametto di rosmarino**

Vino - Wine
Ormerasco di
Pornassio DOC

Procedimento
Tritate finemente carote, sedano e cipolla. Mettete i funghi secchi a bagno in 150 ml d'acqua tiepida.

In una casseruola dai bordi alti versate 4 cucchiai di olio extravergine di oliva (o 2 cucchiai di burro) e fatevi rosolare le verdure tritate a fuoco medio per un paio di minuti.

Mettete il pezzo di carne intero dentro la casseruola e fatelo rosolare (su tutti i lati) insieme alle verdure per cinque minuti, facendo attenzione a non bruciare le verdure. Portate ad ebollizione 2 litri di brodo di carne.

Scolate e strizzate i funghi e tritateli finemente, tenendo da parte l'acqua di ammollo.

Quando la carne si sarà rosolata e le verdure inizieranno ad attaccarsi sul fondo, versate il vino nella casseruola, possibilmente freddo. Mescolate e lasciate evaporare l'alcol per 2 minuti. Aggiungete quindi i funghi tritati e la loro acqua, il concentrato di pomodoro precedentemente stemperato con tre cucchiai d'acqua e un cucchiaio di farina, anch'esso stemperato in tre cucchiai d'acqua.

Versate il brodo caldo nella casseruola fino a coprire per due terzi il pezzo di carne. Aggiungete infine un rametto di rosmarino, 3-4 foglie di salvia e una foglia di alloro (meglio se legati insieme con spago da cucina). Coprite e lasciate cuocere a fuoco molto lento per almeno 3 ore, girando di tanto in tanto il pezzo di carne. Se il sugo risultasse troppo liquido, dopo 2 ore e mezza togliete il coperchio e continuate la cottura sempre a fuoco molto basso fino a raggiungere la consistenza desiderata. Regolate solo alla fine con sale e pepe.

Condite la pasta con il sugo lasciando da parte il pezzo di carne, che è ottimo per altre preparazioni (ad esempio polpette).

Don't call it ragù, because tocco is something else. The meat sauce of the Genoese is succulent and velvety, obtained from the slow cooking of a single large piece of beef. Simmering for hours, the meat slowly releases all its juices that mix and blend with the flavors of the other ingredients. After 3 or 4 hours of cooking the result is a rather liquid sauce, velvety, slightly shiny for the fat released from the meat. There may be a few bits of meat here and there, but that's only because it frayed off and ran away in the cooking. At the end of cooking in fact, the large piece of meat is removed from the sauce and set aside to be served as a second dish, perhaps with mashed potatoes, or used to prepare meatballs or stuffed vegetables.

Ingredients
Serves 6
- 700 g (1.5 lb) of beef (chuck if possible) in one piece
- 1 stalk of celery
- 1 small white onion
- 1 carrot
- 4 tablespoons of extra virgin olive oil or 2 tablespoons of unsalted butter
- 1 tablespoon of dried porcini mushrooms
- 120ml (½ cup) of red wine
- 2 tablespoons of tomato paste
- 1 tablespoon of flour
- 2 liters (8 cups) of meat broth or stock
- 3 sage leaves
- 1 laurel leaf
- 1 branch of rosemary

Procedure

Finely chop the carrots, celery and onion. Put the dried mushrooms to soak in half a cup of warm water.

In a deep saucepan pour 4 tablespoons of extra virgin olive oil and sauté the chopped vegetables over medium heat for a few minutes.

Put the whole piece of meat inside the saucepan and brown it (on all sides) together with the vegetables for 5 minutes, taking care not to burn the vegetables. Bring the meat broth to a boil.

Squeeze the mushrooms and chop finely, keeping aside the soaking water.

When the meat has browned and the vegetables start to stick to the bottom of the pot, pour in the white wine. Stir and let the alcohol evaporate off for 2 minutes. Then add the finely chopped mushrooms and their water, the tomato paste (diluted with three tablespoons of water), and a tablespoon of flour slaked (well mixed) in three tablespoons of water.

Pour over the hot stock to cover the piece of meat by two thirds. Finally add the sprig of rosemary, sage leaves and a bay leaf (perhaps tied in a bunch with string).

Cover and cook over a low heat for at least 3 hours, turning the meat from time to time. If the sauce is too liquid after 2 and a half hours, remove the lid and continue cooking at a very low heat until you reach the desired consistency. Only now should you adjust the seasoning of salt and pepper.

Toss your pasta with the thick sauce, reserving the piece of meat, which will be excellent for other preparations (for example meatballs).

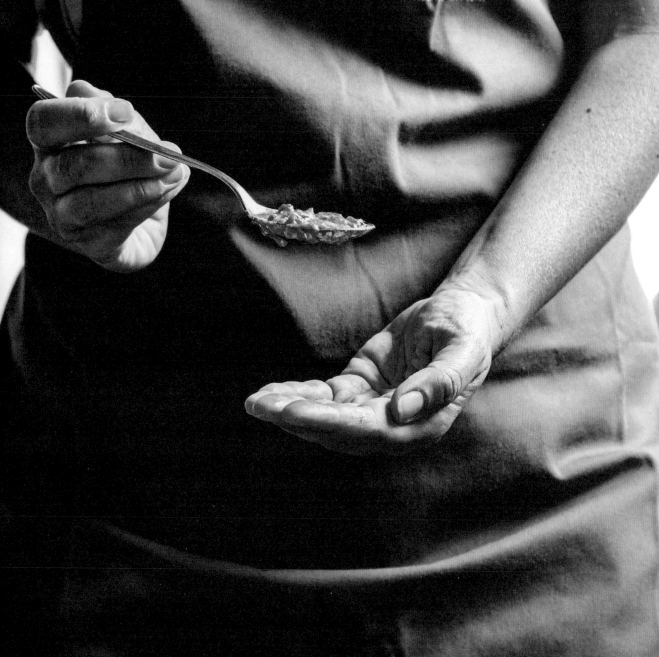

82

Sugo di funghi
Mushroom sauce

● ○ ○

Ingredienti
Dosi per 6 persone
- 30 g di funghi porcini secchi
- 2 filetti di acciughe salate puliti
- 1 spicchio d'aglio
- 6 cucchiai di olio EVO
- 400 g di pomodori pelati
- 30 g di pinoli
- Sale q.b.

Ingredients
Serves 6
- 30 g (1 oz) of dried porcini mushrooms
- 2 salted anchovy fillets, cleaned
- 1 clove of garlic
- 6 tablespoons of extra virgin olive oil
- 400 g (11 oz) of canned peeled tomatoes
- 30 g (1 oz) of pine nuts
- Salt

Procedimento
Mettete i funghi secchi a bagno in una ciotola di acqua calda per 15 minuti. Una volta reidratati, strizzateli con le mani (tenete da parte un bicchiere dell'acqua di ammollo) e tritateli con lo spicchio d'aglio e le acciughe salate. Versate l'olio in una casseruola e fate soffriggere il battuto di funghi per 3 minuti, stando attenti a non bruciarlo.

Pestate i pinoli nel mortaio (o tritateli nel frullatore) e stemperateli con 2 cucchiai di acqua fredda.

Versate nella casseruola i pomodori pelati leggermente schiacciati con la forchetta, la "lattata" di pinoli e ½ bicchiere di acqua di ammollo dei funghi, poi fate cuocere a fuoco lento per 40 minuti. Se necessario, aggiungete ancora di tanto in tanto un cucchiaio dell'acqua dei funghi.

Una volta raggiunta la consistenza desiderata, regolate di sale e pepe a vostro piacimento.

Procedure
Soak the dried mushrooms in hot water for at least 15 minutes. Once they are rehydrated, drain and squeeze with your hands (keeping at least ½ cup of the mushroom water aside) and finely chop with the garlic clove and the salted anchovies. Pour the oil into a large saucepan and fry the chopped mushrooms for 3 minutes, being careful not to burn them.

Pound the pine nuts to paste in the mortar (or in the blender), then mix with 2 tablespoons of cold water.

With a fork, roughly chop the peeled tomatoes in their can and pour them into the saucepan with the milky pine nut sauce and ¼ cup of the mushroom water. Cook over low heat for 40 minutes, adding a few tablespoons of the reserved mushroom liquor if it seems dry.

Once you have reached the desired consistency, adjust with salt and pepper to taste.

Vino - Wine
Rossese di Dolceacqua DOC

Lago Brugneto, Genova

84

Sugo di magro simile al grasso

All purpose veggie ragù

● ○ ○

Molte ricette liguri prevedono il casalingo "sugo per pietanze" come accompagnamento ad altre più complesse preparazioni. Non si tratta di un semplice sugo di pomodori, bensì di un sugo ricco e gustoso che per corposità, consistenza e complessità di sapori ricorda molto quello di carne, pur essendo quasi vegetariano ("magro simile al grasso", appunto).
Credo che a fare davvero differenza siano i pinoli, che vengono pestati nel mortaio e temperati con un paio di cucchiai di acqua fredda. Il liquido così ottenuto viene poi versato a metà cottura nel sugo. L'olio sprigionato dai pinoli rende il sugo vellutato, mentre i pezzetti ne arricchiscono la texture, simulando pezzetti di carne ben cotta.

Ingredienti

Dosi per 6 persone
- 10 g di funghi porcini secchi
- 2 gambi di sedano
- 1 carota piccola
- 1 mazzetto di prezzemolo (50 g circa)
- 3 acciughe salate (da escludere nella versione vegetariana del sugo)
- 1 cipolla bionda
- 8 cucchiai di olio EVO
- 400 g di passata di pomodoro
- 1 cucchiaio di farina
- 30 g di pinoli
- 1 chiodo di garofano
- Sale q.b.
- Pepe nero q.b.

Procedimento

Mettete i funghi secchi a bagno in acqua tiepida.

Preparate un trito di carota, sedano e prezzemolo e mettetelo da parte.

Pulite le acciughe sotto sale privandole della lisca.

Tritate finemente la cipolla e fatela soffriggere nell'olio a fiamma bassa. Quando sarà dorata e traslucida, aggiungete le acciughe e fatele sciogliere rimescolando.

Aggiungete il trito di verdure e fate rosolare per 3-4 minuti.

Nel frattempo, strizzate e sminuzzate i funghi secchi.

Versate quindi in padella la passata di pomodoro e i funghi e fate cuocere per 10 minuti.

Nel frattempo, in un pentolino antiaderente abbrustolite un cucchiaio di farina fino a quando non sarà dorata.

Pestate i pinoli in un mortaio (o tritateli con un frullatore) e aggiungeteci un paio di cucchiai di acqua fredda, mescolando.

Trascorsi i 10 minuti di cottura, aggiungete al sugo 2 mestoli d'acqua calda (circa 250 ml), la farina abbrustolita (sciolta in un paio di cucchiai di acqua calda per evitare grumi), i pinoli pestati con la loro acqua e il chiodo di garofano intero.

Lasciate cuocere a fuoco basso per circa 20 minuti, o fino a quando il sugo non avrà raggiunto la consistenza desiderata.

Regolate di pepe e sale a piacere.

Vino - Wine
Rossere Riviera Ligure di Ponente DOC

Many Ligurian recipe collections provide a homemade "sauce for dishes" as an accompaniment to more complex preparations, but this is not a simple tomato sauce, but a rich and tasty sauce with a structure, texture and complexity of flavors reminiscent of meat sauce, while being almost vegetarian.

I think the game changers are the pine nuts pounded in the mortar, tempered with a couple of tablespoons of cold water and then, with the liquid obtained, poured into the sauce halfway through the cooking. The oil released from the pine nuts makes the sauce velvety while the fragments of pine kernels enrich the texture in the sauce, simulating pieces of well cooked meat.

Ingredients
Serves 6
- 10 g (0.35 oz) of dry porcini mushrooms
- 2 stalks of celery
- 1 small carrot
- 1 small bunch of parsley (approx 50 g, 0.2 oz)
- 3 salted anchovies (skip these for a wholly vegetarian version)
- 1 small onion
- 8 tablespoons of extra virgin olive oil
- 400 g (14 oz) of tomato puree
- 1 tablespoon of flour
- 30 g (1 oz) of pine nuts
- 1 clove
- Salt
- Black pepper

Procedure
Soak the dried mushrooms in warm water for 15 minutes.

Clean and finely mince the carrot, celery and parsley together and set aside.

If using them, clean the salted anchovies, removing the bones.

Finely chop the onion. Put a saucepan on the fire, pour in the oil and the chopped onion and sauté for 10 minutes. When the onion is translucent, add the salty anchovies and let them melt, stirring gently.

Add the vegetable mix and sauté for 3-4 minutes more.

In the meantime, drain and finely chop the mushrooms.

Pour in the tomato puree and the mushrooms and cook for 10 minutes.

Put the flour in a separate skillet and toast for a couple of minutes until golden.

Smash the pine nuts in a mortar (or in the blender), add a couple of spoons of cold water to them and stir to mix.

Add 2 ladles (1 cup) of hot water to the sauce, the toasted flour (which has been slaked or mixed into a few spoons of cold water to prevent it going lumpy in the sauce), add the smashed pine nuts with their water and the clove.

Stir and let the sauce cook on a low fire for about 20 minutes or until it gets the required consistency.

Add salt and pepper to taste.

87

Primi e zuppe - First courses and soups

88

Pasta fresca ligure
Italian Riviera fresh pasta dough

La pasta fresca ligure, forse lo avrete notato, è più bianca di quella che si prepara in altre Regioni d'Italia. Questo perché mentre altrove la pasta fresca è spesso ottenuta unendo alla farina solamente uova, qui in Liguria la presenza dell'uovo è ridotta al minimo indispensabile ed è compensata dall'aggiunta di semplice acqua e, sovente, di qualche cucchiaio di vino bianco. Il vino bianco, vero segreto delle cuoche liguri, aiuta a rendere l'impasto più elastico e conferisce un piacevole sapore. Quindi, la pasta fresca di Liguria è più chiara, leggera e molto profumata.

Ingredienti
Dosi per 4 persone
- 150 g di farina 0
- 150 g di semola di grano duro (più quella per spolverare il piano di lavoro)
- 1 uovo
- 80 ml di acqua
- 20 ml di vino bianco (opzionale, da sostituire eventualmente con acqua)

Procedimento
Disponete le due farine su un tavolo da lavoro, mescolatele e create un cratere al centro. Rompete l'uovo all'interno, poi versate l'acqua e, se desiderate, il vino. Iniziate a mescolare i liquidi con una forchetta aggiungendo poco alla volta la farina, facendola cadere dai bordi esterni del cratere. Potete aiutarvi con un raschietto da pasta per inglobare la farina.

Quando tutta la farina è ben amalgamata e la pasta inizia a stare insieme e a formare briciole, lavoratela energicamente con le mani per 5-10 minuti fino ad ottenere un impasto liscio. La pasta sarà pronta quando, schiacciandola con la punta di un polpastrello, l'impronta del dito si ritirerà scomparendo.

Coprite la pasta con una coppetta o avvolgetela nella pellicola trasparente e lasciatela riposare per almeno 30 minuti a temperatura ambiente.

Fresh Ligurian pasta, you may have noticed, is whiter than that prepared in other Italian Regions.
This is because in most parts of Italy, the pasta is made by adding nothing but eggs to the flour, but here in Liguria the quantity of eggs used is reduced to the indispensable minimum and is balanced by the addition of simple water and, often, a few tablespoons of white wine. Yes, white wine! The secret of Ligurian pasta revealed! It helps make a more elastic dough and gives a pleasant taste. So, fresh pasta from Liguria is clearer, lighter and more fragrant.

Ingredients
Serves 4
- 150 g (5.3 oz) of all purpose flour
- 150 g (5.3 oz) of durum wheat flour/semolina (and extra for dusting the worktop)
- 1 egg
- 80 ml (⅓ cup) of water
- 20 ml (1 ½ tablespoons) of white wine (optional, can be replaced with water)

Procedure
Pour the flours on a work table, mix together and make a well in the center. Break the egg into the well and add the wine and water. Mix the liquids with a fork and draw in the flour little by little, making it fall from the edges of the crater.

When all the flour has been incorporated and the dough begins to stay together in crumbs (you can use a scraper to incorporate the flour), work it vigorously with your hands for 5-10 minutes until you get a smooth homogenous dough. The dough is ready when it springs back when you press it with your fingertip.

Place the dough under a cup or wrap it in cling film. Let it rest for at least 30 minutes at room temperature.

90 Mandilli de saea al pesto

"Silk handkerchiefs" with pesto

I mandilli de saea sono uno dei più autentici piatti di pasta fresca di Genova, a mio avviso il modo migliore per gustare il pesto, specie se preparato al mortaio. Si tratta di lasagne finissime, di forma quadrata e molto ampie, che ricordano fazzoletti di seta: da qui, appunto, il nome in dialetto.
È una preparazione prevalentemente casalinga che richiede tempo e cura, non solo per la realizzazione della pasta (che deve essere sottilissima), ma anche per la sua cottura, perché ogni porzione (4-5 mandilli a testa) deve essere bollita singolarmente e subito servita, intervallata da uno strato di pesto.

Ingredienti
Dosi per 4 persone
Per la pasta
**1 porzione di pasta fresca
(vedi pag. 88)**
Per il pesto
Vedi ricetta di pag. 70

Procedimento

Stendete metà della pasta con il mattarello fino ad ottenere uno spessore di ½ mm circa. Lasciate coperta l'altra metà di pasta affinchè non secchi. Se avete una macchina per tirare la pasta, usatela per stirarla fino all'ultimo buco. Con un coltello o una rotella dentellata per ravioli tagliate la pasta in quadrati di 12-15 cm per lato (fazzoletti o "mandilli").

Disponeteli distanziati tra loro su un vassoio ben infarinato e ripetete l'operazione con l'altra metà di pasta.

Bollite i mandilli di pasta in abbondante acqua salata per 2 minuti, 4 per volta (l'equivalente di una porzione media). Vi consiglio di usare una pentola molto ampia. Stemperate il pesto con poca acqua della pasta fino a ottenere la giusta cremosità.

Tirate su i fazzoletti con una schiumarola, adagiateli su un piatto "di appoggio" e mettete a bollire la porzione successiva.

Mentre quest'ultima cuoce, impiattate la prima porzione in questo modo: stendete un cucchiaino scarso di pesto al centro del piatto, adagiatevi sopra un mandillo ben aperto, cospargetelo con un altro cucchiaino scarso di pesto, adagiate il successivo e così via fino all'ultimo mandillo, terminando con un giro di pesto e, se vi piace, una manciata di pinoli come decorazione.

Proseguite con le altre porzioni. Serviteli subito, caldi, un commensale alla volta.

Vino - Wine
Pigato Riviera Ligure
di Ponente DOC

These are one of the most authentic fresh pasta dishes in Genoa and, in my opinion, the best way to enjoy pesto, especially when it's prepared in the mortar. These mandilli are very fine lasagne, with a wide square shape very reminiscent of silk handkerchiefs, hence their name in dialect.

It is usually a homemade preparation that requires time and care, not just for the preparation of the pasta which must be very thin, but also for its cooking, because each portion (4-5 "handkerchiefs" per head) must be boiled individually and served at once, with a thin layer of pesto in between.

Ingredients
Serves 4
For the pasta dough
1 batch of Italian Riviera fresh pasta dough (see page 89)
For the pesto
See recipe at page 72

Procedure

Roll out half of the dough with a rolling pin until it is very thin, almost translucent. (leave the other half covered so it doesn't dry out). If you have a pasta maker, roll the dough from the largest setting to the narrowest. Cut the dough with a knife or with a ravioli wheel in squares of 12-15 cm ($^4/_5$ inches) per side.

Place them on a well-floured tray and repeat the operation with the other half of the dough.

Boil the "mandilli" of pasta in plenty of salted water - I recommend using a very large pot - 4 at a time (the equivalent of an average portion) for just 2 minutes.

Thin your pesto with a couple of spoons of pasta cooking water until you get the right creaminess.

Drain the "mandilli" with a slotted spoon, lay them on a "support" plate and boil the next portion.

While the second portion cooks, prepare the first portion in this way:

spread a small teaspoon of pesto in the center of the plate, lie a single "mandillo" (well opened) on top. Spread another teaspoon of pesto on the pasta, then place the next one and so on, ending with a spoonful of pesto and, if you like, a sprinkle of pine nuts as decoration.

Continue with the other portions. Serve hot, immediately, one diner at a time.

94

Zembi d'arzillo (ravioli di pesce)

● ● ●

Gli zembi d'arzillo sono grossi ravioli di pesce tondi o quadrati, caratteristici di tutta la costa ligure. Il ripieno è composto da carne di pesce bianco (meglio se pesci di scoglio, molto gustosi), scarola e borragini.

Il nome curioso di questa preparazione, "zembi", deriverebbe dal termine arabo "zembil", che indica i canestri di foglie attorcigliate usati per il trasporto del pesce. Il termine arzillo, invece, in dialetto genovese indica l'odore pungente di alghe che si annusa in riva al mare, tra gli scogli.

Ingredienti
Dosi per 6-8 persone
Per la pasta
1 porzione di pasta fresca (vedi pag. 88)
Per il ripieno
- 2 mazzi di borragini
- 300 g di scarola (circa 2)
- 600 g di pesce bianco (scorfano, pescatrice o dentice)
- 1 uovo
- 4 cucchiai di olio EVO
- 1 spicchio d'aglio
- 1 cucchiaio di prezzemolo tritato
- 1 cucchiaino di maggiorana tritata
- Sale q.b.
- Pepe q.b.

Per il sugo
- 400 g di vongole (o cozze) pulite
- 400 g di pomodori maturi sbollentati e spellati (circa 4 pomodori)
- 1 spicchio d'aglio finemente tritato
- 1 cucchiaio di prezzemolo tritato
- 3 cucchiai di olio EVO
- ½ peperoncino (facoltativo)

Procedimento
Lavate e bollite separatamente in poca acqua le verdure per 5-6 minuti, poi scolatele, strizzatele bene, tritatele finemente e mettetele da parte.

Fate aprire le vongole in una padella su fuoco vivace, sgusciatele e tenete da parte il liquido di cottura.

Versate 4 cucchiai d'olio in una padella sul fuoco, aggiungete lo spicchio d'aglio, il prezzemolo tritato e il pesce. Aggiungete 120 ml di acqua e un pizzico di sale, coprite e fate cuocere a fuoco vivace per 7 minuti.

Lasciate intiepidire, quindi prelevate la polpa del pesce, eliminando tutte le spine, e tritatela finemente. Schiacciate molto bene le teste e le lische perché rilascino il loro liquido, quindi passate al setaccio il sugo del pesce e tenetelo da parte.

Preparate il ripieno: in una ciotola, unite le verdure finemente tritate, la polpa del pesce, l'uovo e la maggiorana tritata. Regolate di sale e pepe.

Tirate metà della pasta fresca con il mattarello o con la macchina per

Vino
Cinqueterre Bianco DOC

la pasta, fino ad ottenere una sfoglia sottile 1 mm. Tenete da parte l'altra metà della pasta, coperta con una ciotola affinché non si secchi. Tagliate dei quadrati di pasta di 8 cm di lato e sistemateli su un piano infarinato. Posate un cucchiaino di ripieno al centro di ciascun quadrato di pasta, coprite con un altro quadrato e sigillate bene i bordi cercando di far uscire tutta l'aria. Tagliate i bordi dei ravioli con una rotella per la pasta per sigillarli.

Procedete così fino ad esaurire tutta la pasta e/o il ripieno. Disponete i ravioli uno accanto all'altro su un vassoio infarinato, senza sovrapporli.

Preparate il sugo: in un'ampia padella, mettete 3 cucchiai di olio extravergine di oliva, lo spicchio d'aglio tritato, il prezzemolo, i pomodori tagliati a dadini e, se vi piace, ½ peperoncino. Fate soffriggere il tutto per 7 minuti.

Aggiungete quindi il sugo delle teste di pesce messo da parte, le vongole sgusciate e 3 cucchiai del liquido di cottura delle vongole. Fate cuocere per 5 minuti o fino a quando avrà raggiunto la consistenza desiderata, quindi spegnete e regolate di sale.

Cuocete i ravioli per 8 minuti in una grande pentola di acqua bollente salata, scolateli e conditeli direttamente nella padella del sugo, mescolando delicatamente.

96

Zembi d'arzillo (fish ravioli)

• • •

Large fish ravioli - round or square - are characteristic of the entire Ligurian coast. The filling consists of white fish meat (preferably rock fish, very tasty), escarole and borage.

As to the curious name of this preparation, "zembi" might come from the Arabic word "zembil", the basket of twisted leaves made for transporting fish, reminding us of the close connection that Liguria had with the Arab countries during the middle ages. The word "arzillo" in Genoese dialect is the pungent fragrance of seaweed that grows between the rocks right by the sea.

Ingredients
Serves 6-8
For the pasta dough
1 batch of Italian Riviera
fresh pasta dough
(see page 89)
For the filling
- 2 bunches of borage
- 2 escarole (about 300 g)
- 600 grams of white fish
  (eg redfish, monkfish,
  snapper)
- 4 tablespoons of extra virgin
  olive oil
- 1 clove of garlic
- 1 tablespoon of fresh
  chopped parsley
- 1 teaspoon of fresh chopped
  marjoram
- 1 egg

For the sauce
- 400 g (14 oz) of clams,
  cleaned
- 4 ripe tomatoes (about
  400 g, 14 oz), blanched
  and peeled
- 1 clove of garlic, finely
  chopped
- 1 tablespoon of fresh
  chopped parsley
- 3 tablespoons of extra
  virgin olive oil
- ½ chili pepper (optional)

Procedure
Wash and boil the vegetables separately in a little water for 5 or 6 minutes, drain, squeeze well, chop finely and set aside.

Open the clams by putting them in a shallow pan over a high heat. when opened, de-shell them and reserve the cooking liquid they released.

Pour 4 tablespoons of oil into a shallow pan, add the clove of garlic, chopped parsley and the fish.
Add 1 glass of water (about 120 ml, ½ cup), a pinch of salt, cover and cook over high heat for 7 minutes.

Let cool, then chop the flesh finely, removing any bone you may find. Fine strain the fish's cooking liquor, pressing the heads and bones with the back of a spoon to release their liquid, and keep aside.

Prepare the ravioli filling by mixing the chopped vegetables, the meat of the fish, the egg and the chopped marjoram in a bowl. Season to taste with salt and pepper.

With the rolling pin or with a pasta maker, roll half of the fresh pasta until

Wine
Cinqueterre Bianco DOC

you have a sheet of very thin dough 1 mm ($^1/_{16}$ inch) in thickness (keep the other half wrapped or under cover, you will roll it afterwards).

Cut squares of 8 cm (3 inches) each side and lay them on a floured surface. Place a teaspoon of filling in the center of each square of dough, then cover with another square. Seal the edges well, and try to exclude as much air as you can. Cut the edges of the ravioli with a ravioli cutter to seal them up.

Proceed until all the pasta and/or filling is finished, placing the ravioli next to each other on a floured tray, but don't let them touch each other.

Prepare the sauce by heating 3 tablespoons of extra virgin olive oil in a large pan. Sauté the chopped garlic clove, parsley, diced tomatoes for 7 minutes with the ½ chili pepper if you're using it. Then add the reserved fish stock or liquor with the shelled clams and 3 tablespoons of the clam's cooking liquid.

Cook together for 5 minutes or until it gets the required consistency, then turn off and season to taste with salt and pepper.

Cook the ravioli for 8 minutes in a large pot of boiling salted water, drain and carefully add to the pan with the sauce, stirring gently before serving.

La Lanterna vista da Palazzo Reale, Genova

Palazzo Reale Stefano Balbi, Genova

100 Ravieu (ravioli genovesi)

Genoese ravioli

● ● ○

I "ravieu" sono onnipresenti in Liguria: piatto d'onore in tutte le trattorie con le tovaglie a quadretti, immancabilmente compaiono sulle nostre tavole nei giorni di festa. Hanno la classica forma quadrata, dentellata e sono ripieni di carne e verdure a foglia verde.

Il loro condimento principe è il sugo di carne genovese, il tocco (vedi pag. 78), ma si sposano meravigliosamente anche con burro e Parmigiano oppure con il sugo di funghi (vedi pag. 82).

Ingredienti

Dosi per 6-8 persone

Per la pasta

1 porzione di pasta fresca ligure (vedi pag. 88)

Per il ripieno

- 150 g di vitello
- 150 g di maiale
- 100 g di salsiccia
- 300 g di scarola
- 200 g di borragine
- 50 g di mollica di pane raffermo
- 3 uova
- 1 bicchiere di brodo di carne
- 1 cipolla media
- 4 cucchiai di olio EVO
- 1 cucchiaio di pinoli
- 4 cucchiai di Parmigiano grattugiato
- 1 cucchiaino di foglie di maggiorana tritata finemente
- Noce moscata q.b.
- Sale q.b.
- Pepe q.b.

Vino - Wine
Ormerasco di Pornassio DOC

Procedimento

Pulite le verdure e fatele bollire in acqua leggermente salata per 5 minuti. Scolatele, strizzatele molto bene e tritatele finemente.

Immergete la mollica di pane nel brodo di carne per qualche minuto, poi scolatela, strizzatela e tritatela finemente.

Tagliate finemente la cipolla e fatela rosolare a fuoco basso con 2 cucchiai di olio extravergine di oliva e i pinoli. Quando è dorata, aggiungete le carni tagliate a tocchetti e la salsiccia senza l'involucro e fate rosolare per bene. Togliete la carne dalla padella, scolate l'eventuale sugo e tritatela finemente. In una ciotola capiente mescolate la carne macinata, le verdure tritate, la mollica di pane, le uova, il Parmigiano e la maggiorana. Condite a piacere con sale, pepe e (poca) noce moscata.

Tirate la pasta servendovi del mattarello o della macchina per sfogliare fino ad ottenere una sfoglia lunga, larga circa 10 cm e spessa circa 1 mm.

Stendete la pasta e farcitela poco per volta, lasciando la parte non ancora utilizzata avvolta nella pellicola trasparente perché non secchi.

Stendete la sfoglia su un piano ben infarinato. Mettete un cucchiaino di ripieno al centro di una metà della sfoglia di pasta a intervalli regolari, uno ogni 3 cm circa. Piegate la pasta a libro per coprire il ripieno e premete delicatamente con le dita intorno al ripieno per far uscire l'aria e sigillare bene. Se la pasta non aderisce perché si è asciugata, spennellate i lembi con un poco d'acqua prima di sovrapporla. Con un tagliapasta dentellato tagliate i ravioli e metterli su un vassoio ben infarinato, senza impilarli. Ripetete l'operazione fino a quando terminerà la pasta o il ripieno.

Per cuocere i ravioli, portate ad ebollizione una grande pentola d'acqua salata. Versate i ravioli poco alla volta e cuoceteli per 6-8 minuti.

Scolateli con una schiumarola e conditeli nel piatto di portata con burro, salvia e Parmigiano oppure con sugo di carne o ancora con sugo di funghi.

Ravioli ("ravieu") are omnipresent in Liguria, pride of place in every trattoria and always served on holidays. These have the classic notched square shape, filled with meat and green leafy vegetables.

They are usually partnered with Genoese meat sauce, "tocco" (see page 79), but they also go wonderfully well with butter and Parmesan cheese or with mushroom sauce (see page 82).

Ingredients

Serves 6-8 people

For the pasta dough
1 batch of Italian Riviera fresh pasta dough (see page 89)

For the filling
- 150 g (5 oz) of veal
- 150 g (5 oz) of pork
- 100 g (3.3 oz) of Italian sausagemeat (casing removed)
- 300 g (10 oz) of escarole
- 200 g (7 oz) of borage
- 1 dried bread roll or 2 slices of sandwich bread (crust removed, ab 50 g, 2 oz)
- 3 eggs
- ½ cup of meat stock
- 1 medium onion
- 4 tablespoons of extra virgin olive oil
- 1 tablespoon of pine-nuts
- 4 tablespoons of grated Parmesan cheese
- 1 teaspoon of finely minced marjoram leaves
- Nutmeg
- Salt and Pepper

Procedure

Clean the veg and boil them in lightly salted water for just 5 minutes. Drain, squeeze well and chop finely.

Soak the breadcrumbs in the meat stock for 5 minutes, then drain well and chop finely.

Finely chop the onion and sautè on low heat in a skillet with 2 tablespoons of extra virgin olive oil and the pine nuts. When the onion is golden, add the meats cut small, and the sausagemeat. Sauté until cooked and evenly brown. Remove from the pan, drain the juice if there is any and mince the cooked meat finely in the blender or in the meat grinder.

In a bowl, mix the cooked minced meat, veggies, breadcrumbs, eggs, Parmesan cheese and marjoram. Season to taste with salt, pepper and a little grated nutmeg.

Roll the dough with a rolling pin or with a pasta machine. You should make a ribbon of pasta approximately 10 cm (3 inches wide) and about 1 mm thick (so you almost see your hand through it). Lay it on a floured wooden board.

Roll and fill the dough a little at a time (not all at once) keeping the part you are not using under a cup or with checkered tablecloths wrapped in cling film to keep it moist.

Put little mounds of filling – about one teaspoon each - at regular intervals in a straight line along one lengthwise half of the sheet.

The mounds should be 3 cm (1 inch) apart. Carefully fold the other half of the pasta sheet over the filling. Press around the filing with your fingertips to seal and remove air bubbles. Cut between each mound of filling with a knife or a ravioli cutter. Transfer the ravioli onto a flour dusted surface, well spaced: don't let them touch. Repeat with remaining pasta and filling.

To cook your ravioli, bring a large pot of salted water to the boil, and pour in a tablespoon of extra virgin olive oil: this will help prevent your ravioli from sticking together. Cook the ravioli in batches (don't overfill your pot) for 6-8 minutes. Drain with a slotted spoon, dress with "tocco" meat sauce or toss with a generous knob of butter, a couple of heaped tablespoons of Parmesan cheese and some sage leaves, or with mushroom sauce.

104

Turle
Potato and cheese dumplings

● ● ○

Le turle sono un primo piatto tipico della "cucina bianca", la cucina tradizionale dei paesini che sorgono sulle Alpi Marittime, al confine con la Francia. Si tratta di grossi ravioli farciti con i pochi ingredienti reperibili nelle malghe di montagna durante l'inverno: patate, toma morbida, Parmigiano, uova e menta. Una volta cotta, questa pasta viene condita con burro fuso, menta e Parmigiano. Alcune ricette prevedono anche una spolverata di nocciole tostate e tritate.

Ingredienti
Dosi per 4-6 persone
Per la pasta
1 porzione di pasta fresca ligure (vedi pag. 88)
Per il ripieno
- **450 g di patate**
- **200 g di toma**
- **2 tuorli**
- **3 cucchiai di Parmigiano grattugiato**
- **4-5 foglie di menta fresca**
- **Sale q.b.**
Per condire
- **50 g di burro**
- **4-5 foglie di menta fresca**
- **Parmigiano grattugiato q.b.**
- **Pepe q.b.**

Procedimento
Lavate le patate e lessatele con la buccia in abbondante acqua bollente. Scolatele, sbucciatele e schiacciate con lo schiacciapatate.

Quando le patate sono ancora calde, unite la toma tagliata a pezzettini, il Parmigiano, 2 tuorli e 4-5 foglie di menta finemente sminuzzate. Regolate di sale e pepe e lasciate raffreddare.

Stendete metà della pasta fresca con il mattarello fino ad ottenere uno spessore di 2 mm circa. Tenete da parte l'altra metà della pasta, coperta da una ciotola perché non secchi.

Con un coppapasta da 8 centimetri di diametro circa o con un bicchiere, tagliate dei dischi nella sfoglia, poi mettete una noce di ripieno al centro di ogni disco.

Ripiegate la pasta a metà creando delle mezzelune e sigillate i bordi con le dita. Con i rebbi di una forchetta sigillate ulteriormente i bordi, creando un motivo decorativo. Disponete le turle distanziate tra loro su un piano ben infarinato. Ripetete l'operazione con l'altra metà della pasta.
Fate bollire abbondante acqua salata

e cuocete le turle per circa 8 minuti. Nel frattempo, fate sciogliere il burro in una padella, aggiungete la menta spezzettata e lasciate insaporire. Scolate le turle e adagiatele nella padella, mescolate con molta delicatezza e aggiungete il Parmigiano.

Prima di servire spolverate con altro Parmigiano e poco pepe, infine decorate con qualche fogliolina di menta fresca.

Vino - Wine
Rossere Riviera Ligure
di Ponente DOC

The turle are a typical first course of the so called "cucina bianca" or "White Cuisine", the traditional cuisine of the villages that rise on the Alpes Maritimes on the border with France. These are large ravioli filled with the few ingredients easily found in the mountain huts in winter: potatoes, soft toma cheese, eggs and mint. Once cooked, this pasta is seasoned with melted butter, mint and Parmesan cheese. Some recipes also include a sprinkling of toasted chopped hazelnuts.

Ingredients
Serves 4-6
For the pasta dough
1 batch of Italian Riviera
Fresh pasta dough
(see page 89)
For the filling
• 450 g (1 lb) of potatoes
• 200 g (7 oz) of Toma cheese
• 2 yolks
• 3 tablespoons of grated
  Parmesan cheese
• 4-5 fresh mint leaves
• Salt
For the dressing
• 50 g (¼ stick) of unsalted
  butter
• Grated Parmesan cheese
  to taste
• 4-5 fresh mint leaves
• Pepper

Procedure
Wash the potatoes and boil them in plenty of salted water. Drain, peel and mash well with a potato ricer.

While the potato is still hot, add the Toma cheese grated or cut into small dice with the Parmesan cheese, 2 yolks and 4-5 finely chopped mint leaves. Season with salt and pepper and let cool.

Roll out half the pasta dough with a rolling pin until it is about 2 millimeters thick (leave the other half covered so it doesn't dry out).

With an 8 cm (2 ½ inches) diameter cookie cutter or with a glass, cut out many rounds of dough. In the center of each disc, place a "nugget" of the filling. Fold the pasta in half and seal the edges with your fingers. With the tips of a fork further seal the edges, creating a decorated edge. Space the half-moon dumplings (Turle) apart from each other on a well-floured surface so they don't stick together and repeat the operation with the remaining dough.

Bring a large pot full of salted water to boil and cook the Turle for about 8 minutes. Meanwhile, in a shallow pan, melt the butter over low heat, add the chopped mint and let it flavor. Drain the Turle with a slotted spoon and transfer to the pan with the butter. Mix very gently and add the Parmesan cheese.

Before serving, sprinkle some more Parmesan cheese, a twist of pepper, and decorate with a few fresh mint leaves.

106 Corzetti stampati con pesto di pinoli e maggiorana

● ● ○

I corzetti sono tra i formati di pasta liguri più antichi. Probabilmente di origine basso medievale, sono ancora oggi molto diffusi nel Levante ligure. Documenti storici riportano che questa pasta elaborata fu servita in onore del re del Marocco addirittura nel lontano 1362. Secondo alcuni, il nome deriverebbe dall'immagine di una piccola croce stilizzata con cui originariamente veniva decorato un lato dei medaglioni di pasta imprimendovi una moneta. L'arte dei pastai liguri si sarebbe poi affinata grazie all'introduzione di stampi in legno pregiato, creati apposta per fregiare la pasta con disegni di ogni tipo.

Ingredienti
Dosi per 6 persone
Per la pasta
- 300 g di farina "0"
- 1 uovo
- 50 ml di acqua tiepida
- 50 ml di vino bianco secco
- 1 stampo da corzetti o un bicchiere e una moneta o un medaglione

Per il pesto di maggiorana e pinoli
- 60 g di pinoli
- 40 g di noci sgusciate
- 30 g di foglie di maggiorana
- 4 cucchiai di olio EVO
- 3 cucchiai di Parmigiano grattugiato
- ½ bicchiere dell'acqua di cottura della pasta
- Sale q.b.

Procedimento
Versate la farina sul piano da lavoro e create un cratere al centro. Rompete all'interno l'uovo, versate l'acqua e il vino. Mescolate i liquidi con una forchetta quindi amalgamate poco alla volta anche la farina. Lavorate l'impasto energicamente con le mani per 5-10 minuti, fino ad ottenere un impasto liscio. Avvolgete la pasta nella pellicola trasparente e lasciatela riposare per almeno 30 minuti.

Su un piano di lavoro ben infarinato, stendete la pasta con il mattarello o con la macchina sfogliatrice fino ad ottenere in una sfoglia sottile circa 2 mm (non deve essere trasparente). Aiutandovi con lo stampo da corzetti oppure con un bicchiere, ritagliate tanti dischi di circa 5 cm di diametro.

Su un lato di ciascun dischetto imprimete poi un decoro con lo stampo apposito, oppure aiutandovi con una moneta o un medaglione stampato in rilievo.

Adagiate i corzetti su un vassoio ben infarinato e preparate il pesto.

Frullate i pinoli, le noci, la maggiorana e metà dell'olio in un mixer fino ad ottenere una pasta densa ed omogenea. Mettete la salsa in una ciotola, aggiungete il Parmigiano e la restante metà dell'olio e mescolate a mano con un cucchiaio. Regolate di sale.

Cuocete i corzetti in abbondante acqua salata per circa 8 minuti. Scolateli avendo cura di tenere da parte ½ bicchiere di acqua di cottura.

Trasferite i corzetti in una padella insieme al pesto di maggiorana e all' acqua di cottura tenuta da parte.

Mescolate con delicatezza in modo che il pesto di maggiorana e l'acqua di cottura creino una crema vellutata. Mantecate i corzetti per circa 2 minuti a fuoco medio.

Vino - Wine
Valpolcevera Coronata DOC

Stamped corzetti with pine nuts and marjoram pesto

These are among the oldest of pasta shapes, probably of medieval origin, and still widespread today in the west of Liguria. Historical documents show that this elaborate pasta was served in honor of the king of Morocco as far back as 1362. The name "corzetti" probably derives from the image of a small stylized cross which originally decorated one side of the pasta medallions, the decoration made by impressing a coin on the pasta dough. The art of those pasta makers would be refined over the centuries with the introduction of precious wood molds created specifically to decorate the dough with designs of all kinds.

Ingredients
Serves 6
For the pasta dough
- 300 g (2 ½ cups) of all-purpose flour
- 1 egg
- 50 ml (3 ½ tablespoons) of lukewarm water
- 50 ml (3 ½ tablespoons) of dry white wine
- 1 corzetti stamp or a glass plus an embossed coin or medallion

For the pine nuts and marjoram pesto
- 60 g (2 oz) of pine nuts
- 40 g (1.5 oz) of walnut kernels
- 30 g (1 oz) of fresh marjoram leaves
- 4 tablespoons of extra virgin olive oil
- 3 tablespoons of grated Parmesan cheese
- ¼ cup of pasta cooking water
- Salt

Procedure
Tip the flour onto your worktop and make a crater in the centre. Break the egg inside and pour in the water and wine. Mix the liquids with a fork, then draw in the flour a little at a time. Knead vigorously with your hands for 5-10 minutes, until the dough is smooth and elastic: It's ready when it springs back when pressed with a finger. Wrap it in cling film and allow to rest for at least 30 minutes.

On a well floured worktop, roll out the dough with a rolling pin to around 2mm thick or use the pasta machine. (Your pasta shouldn't be too thin). Use the corzetti mold or a small glass to cut out as many 5cm (2 inch) discs as you can. On each disk of flour-dusted dough, imprint your corzetti stamp, or use a coin or embossed medallion.

Place the corzetti on a well floured tray and prepare the pesto.

Blend the pine nuts, walnuts, marjoram and half of the oil in a mixer until you get a thick and homogeneous paste. Put the sauce in a bowl, then add the Parmesan cheese and the oil, mixing by hand with a spoon. Season with salt.

Cook the corzetti in plenty of salted water for about 8 minutes. Drain carefully, and keep aside half a glass of the hot cooking water.

Transfer the corzetti to a pan with the marjoram pesto and the reserved cooking water. Mix together gently over medium heat for about two minutes so that the marjoram pesto and the cooking water create a velvety cream.

110 Picagge verdi
Green ribbons

Le picagge verdi sono la pasta fresca "colorata" ligure per eccellenza. Il sapore tipico è quello delle borragini, la verdura a foglia verde più caratteristica della cucina ligure. Si chiamano così perché in dialetto genovese "picagge" significa "fettucce di cotone", a cui assomigliano appunto queste ampie tagliatelle larghe circa 3 cm.
Sono ottime condite anche solo con burro e Parmigiano. Tuttavia, nelle migliori trattorie si trovano accompagnate dal tocco (vedi pag. 78) o dal sugo di funghi (vedi pag. 82), che si sposano bene con le picagge esaltandone meravigliosamente il gusto fresco ed erbaceo.

Ingredienti
Dosi per 6 persone
Per la pasta
- 300 g di farina di semola di grano duro
- 200 g di foglie di borragine o di spinaci
- 2 uova
- 1 pizzico di sale

Per condire
- 1 cucchiaio di burro
- 4 cucchiai di Parmigiano grattugiato
- Acqua di cottura della pasta q.b.

Procedimento
Lavate le foglie di borragine (o di spinaci) e bollitele in poca acqua per 2 minuti. Scolatele, strizzatele bene e frullatele.

Disponete la farina sul tavolo da lavoro e create un cratere al centro. Rompete all'interno le uova e versatevi le verdure frullate e un pizzico di sale. Iniziate a mescolare gli ingredienti con una forchetta aggiungendo poco alla volta la farina, facendola cadere dai bordi esterni del cratere. Potete aiutarvi con un raschietto da pasta per inglobare la farina.

Quando tutta la farina è stata amalgamata e la pasta inizia a stare insieme e ad formare briciole, lavoratela energicamente con le mani per 5-10 minuti fino ad ottenere un impasto liscio. Se l'impasto risulta troppo morbido, aggiungete altra farina, se troppo duro, aggiungete poca acqua inumidendovi le mani. La pasta sarà pronta quando, schiacciandola con la punta di un polpastrello, l'impronta del dito si ritirerà scomparendo.
Coprite la pasta con una coppetta o

avvolgetela nella pellicola trasparente e lasciatela riposare per almeno 30 minuti a temperatura ambiente.

Stendete l'impasto aiutandovi con un mattarello o con un macchina per la pasta fino ad ottenere uno spessore di circa 1 mm. Con un coltello o con una rotella dentellata da ravioli tagliate delle lunghe strisce di circa 3 cm di larghezza (le "picagge").

Riponete le picagge su un piano ben infarinato.

Bollitele in abbondante acqua salata per circa 8 minuti. Prima di scolarle, mettete da parte una tazza di acqua di cottura della pasta.

Scolate le picagge e conditele direttamente nel piatto di portata con burro e abbondante Parmigiano. Aggiungete anche qualche cucchiaio di acqua di cottura della pasta per mantecare.

Vino - Wine
Rossese di Dolceacqua DOC

This is the traditional flavoured fresh pasta of Liguria. The distinct taste of authentic "picagge verdi" is borage, one of the characteristic herbs of our peasant cuisine. Their name "picagge" means "cotton ribbons" in Ligurian dialect, because of their shape: this type of pasta is wide, like a ribbon (about 3 cm or 1.2 inch).

They do not need strong sauce or seasoning as they are already tasty, so simple butter and Parmesan cheese is enough, but they are also very often served with meat sauce, "tocco" (see page 79) or with mushroom sauce (see page 82) which goes perfectly with their herby flavour.

Ingredients
Serves 6
For the pasta dough
- 300 g (10 oz) of semolina flour
- 200 g (2 cups) of fresh borage or spinach
- 2 eggs
- 1 pinch of salt

For the dressing
- 1 tablespoon of butter
- 4 tablespoons of grated Parmesan cheese
- ½ cup of pasta cooking water

Procedure

Clean and dry the spinach (or borage), boil it briefly for 2-3 minutes then squeeze it hard before pureeing in a blender.

Pour the flour on your work surface and make a well in the center. Break the eggs inside and add the pureed greens. Stir the ingredients with a fork, drawing in the flour little by little from the edges of the crater.

When all the flour is incorporated and the dough begins to stay together, forming crumbs (you can use a scraper to incorporate the flour), work it vigorously with your hands for 5-10 minutes until you have a smooth dough. If the dough is too soft, add more flour, if too dry and firm, add water by wetting your hands before carrying on kneading. The dough is ready when it springs back from your fingertip when pressed.

Place the dough under a cup or wrap it in plastic wrap to let it rest at least 30 minutes at room temperature.

Roll out half of the dough with the rolling pin or the pasta maker until it is 1 mm (1/64 inch) thick. With a knife or a ravioli cutter cut "ribbons" 3 cm (1.2 inch) wide. These are your "piccagge".

Boil in a large pan of salted water for about 8 minutes. Always remember to save ½ a cup of the pasta cooking water before draining to add to your dressing as needed so your pasta dish isn't dry.

Drain the pasta and season with butter and Parmesan cheese directly on the serving plate. Add some cooking water and stir to keep your seasoning creamy rather than dry.

112

Trofie

● ● ●

Le trofie nascono nei paesini affacciati sul Golfo Paradiso, accanto a Genova: Sori, Recco, Uscio e Camogli. Erano un formato di pasta tipicamente casalingo: la trafilatrice industriale venne infatti inventata solo ad inizio Novecento. Prima di allora, i ristoranti e i pastifici della zona rifornivano regolarmente di farina di grano tenero le massaie dei paesini e al mattino ritiravano vassoi pieni di trofie fresche realizzate a mano dalle donne durante la notte. Trofie freschissime pronte per essere cucinate o per essere vendute sui banchi dei negozi. Il pesto è il loro condimento prediletto!

Ingredienti
Dosi per 4 persone
- 280 g di farina 0
- 150 g di acqua calda

Procedimento

Versate la farina sul tavolo e formate una fontana. Versatevi dentro l'acqua calda, lasciandone da parte circa 1 cucchiaio.

Iniziate a mescolare facendo cadere a poco a poco la farina dai fianchi del cratere. Poco alla volta il composto inizierà a rassodare. Lavorate energicamente la pasta sul piano da lavoro fino ad ottenere un impasto compatto ed elastico.

Se la pasta resta troppo asciutta o farinosa, aggiungete una piccola quantità d'acqua semplicemente inumidendo le vostre mani.

Tagliate un pezzetto di impasto e conservate il resto sotto una ciotola. Tenete la pasta in una mano (così rimarrà calda e umida) e con l'altra mano staccate dei "bocconcini" della dimensione di un fagiolo.

Arricciateli quindi con un movimento veloce del palmo della mano: posizionate il pezzetto di pasta sotto il dito medio e muovete la mano in avanti fino ad avere il pezzo di pasta in fondo al palmo della mano (nel frattempo questo si sarà allungato e sarà diventato una trofia senza riccio),

tornate quindi indietro con la mano con un movimento in diagonale (verso il lato del pollice), staccando leggermente il pollice dal piano di lavoro e pressando con la parte esterna della mano lungo il mignolo per creare il caratteristico truciolo.

Ricordatevi che per riuscire a dare la giusta forma alle trofie è importante che:
- la superficie su cui arricciate le trofie sia pulita e non infarinata (passate un panno umido se necessario);
- le vostre mani siano pulite e non infarinate. Lavatele bene prima di iniziare e, se necessario, di tanto in tanto inumiditele leggermente con pochissima acqua;
- quando fate il movimento della mano indietro per arricciare la trofia, la pressione sia costante.
Quando le trofie sono pronte, spostatele in un angolo ben infarinato e spolverateci sopra abbondante farina, in modo che secchino e non si appiccichino tra loro.

Cuocete in abbondante acqua salata per circa 6 minuti e servite con pesto (vedi pag. 70) o con condimento a piacere!

Vino - Wine
Vermentino Riviera Ligure
di Ponente DOC

Trofie were born in the villages overlooking the Golfo Paradiso near Genoa; in Sori, Recco, Uscio and Camogli. They were a typically homemade pasta shape: the industrial shaping machine was only invented in the early 1900s. Before that, the regional restaurants and pasta shops regularly supplied the housewives in the villages with tender wheat flour and each morning they would collect trays full of fresh trofie made by hand overnight and ready to cook or sell in the shops. Pesto is the perfect dressing for trofie!

Ingredients
Serves 4
- 280 g (10 oz) of flour "0"
- 150 ml (5.3 fl oz) of hot water

Procedure

Pour the flour in a mound on the worktop and make a crater in the centre. Pour in the hot water, holding back about 1 tablespoon. With a fork or your fingers, start mixing, gradually drawing the flour in from the sides of the crater. As the mixture begins to firm, knead vigorously on the worktop until you get a compact and elastic dough.

If the pasta remains too dry or floury, add a little more water by simply moistening your hands.

Cut off a small piece of dough and keep the rest covered. Hold the pasta in one hand (so it remains warm and moist) and with the other, pluck off "morsels" of dough, about the size of a bean.

Curl them on the worktop with a quick movement of the palm of your hand: place the piece of dough under the middle finger and move your hand forward until you have the dough at the bottom of your palm (the dough will stretch to become a trofia with no curl). Then move back with the hand in a diagonal movement (towards the thumb side), slightly lifting your thumb from the work surface and pressing with the outer part of the hand along the little finger to create the characteristic curl. When you move your hand back to curl the trophy, keep the pressure light but constant.

To get the right shape to the trophies, it is important that the surface on which you curl the trofie is clean and unfloured (wipe with a damp cloth if necessary) and that your hands are also clean and unfloured. Wash well before starting and dampen them slightly with very little water if needed.

When the trofie are ready, move them to a tray or corner of the worktop and sprinkle with plenty of flour so that they dry out and don't stick together.

Cook in plenty of salted water for about 6 minutes and serve with pesto (see page 72) or your seasoning of choice!

116 Pansoti

● ● ○

In Liguria i pansoti con la salsa di noci sono un piatto delle feste, quello che le nonne cucinano la domenica a pranzo, il protagonista di quasi tutti i menù delle trattorie dell'entroterra. Con la caratteristica forma panciuta, da cui il nome, i pansoti racchiudono un ripieno vegetariano tradizionalmente a base di erbe di campo (il cosiddetto "prebuggiùn") e prescinseua (la cagliata dell'entroterra genovese).

Le ricette più recenti vengono incontro alla difficoltà di reperire gli ingredienti tradizionali e propongono un ripieno con verdure a foglia verde miste (come bietole, borragini, spinaci e scarola) e ricotta, a cui io aggiungo qualche cucchiaio di yogurt greco, per dare quella punta di acidità tipica della prescinseua. Tradizionalmente la pasta dei pansoti è fatta senza uova ed è legata solo da acqua e vino bianco. Io suggerisco di aggiungere comunque un uovo, in modo da ottenere una pasta più facile da lavorare e resistente alla cottura.

Ingredienti

Dosi per 6 persone

Per la pasta
- 300 g di farina "00"
- 1 uovo
- 2 cucchiai di vino bianco
- 80 ml di acqua
- Sale q.b.

Per il ripieno
- 1 kg di verdure a foglia verde miste (400 g di bietole, 200 g di spinaci, 200 g di borragine, 200 g di scarola) oppure 1 kg di erbe di campo
- 100 g di prescinsêua (oppure 70 g di ricotta e 30 g di yogurt greco)
- 3 cucchiai di Parmigiano grattugiato
- 1 uovo

- 1 cucchiaio di foglie di maggiorana fresca tritate
- Noce moscata q.b.
- Sale q.b.
- Pepe q.b.

Per il condimento
Burro e Parmigiano a piacere oppure salsa di noci (vedi pag. 76)

Vino
Ormerasco di Pornassio Sciac-trà DOC

Procedimento

Cominciate facendo la pasta: rovesciate la farina su un piano da lavoro liscio e formate con le dita un buco al centro a mo' di cratere. Aprite le uova all'interno, sbattetele leggermente aiutandovi con una forchetta, unite il vino, l'acqua e un pizzico di sale. Iniziate a mescolare con una forchetta facendo cadere a poco a poco la farina dai fianchi del cratere. Poco alla volta il composto inizierà a rassodare.

Quando l'impasto inizia a "stare insieme", lavorate energicamente la pasta piegandola su se stessa e schiacciandola con la parte inferiore del palmo della mano molte volte. Se la pasta resta troppo asciutta o farinosa, aggiungete una piccola quantità d'acqua semplicemente inumidendo il palmo delle vostre mani. Ripetete se necessario fino ad ottenere un impasto compatto ed elastico. Avvolgete l'impasto in un panno umido e lasciatelo riposare per 30 minuti.

Intanto preparate il ripieno: pulite e mettete a bollire le verdure in acqua leggermente salata per 5 minuti, quindi scolatele, strizzatele e tritatele finemente.

Versate le verdure in un'ampia ciotola e unite l'uovo, la prescinsêua (o la ricotta e lo yogurt greco), il Parmigiano, la maggiorana (consiglio sempre di aggiungerne poca alla volta, assaggiando) e un pizzico di noce moscata. Amalgamate con cura. Assaggiate e regolate di sale e pepe.

Ora preparate i pansoti: prendete la pasta fresca e dividetela in 4 palline. Prendete una pallina alla volta e lasciate le altre avvolte nel panno umido.

Stendete la pasta in una sfoglia sottile aiutandovi con la macchina per la pasta fresca o con il mattarello. Ricavatene poi dei piccoli quadrati di circa 6 cm per lato.

Aggiungete un cucchiaino di ripieno al centro di ciascun quadrato. Inumidite i bordi della pasta con un poco d'acqua aiutandovi con un pennello, piegate la pasta a triangolo e premete i bordi per sigillare bene il composto all'interno della pasta, cercando di eliminare tutta l'aria (basta premere partendo dal ripieno e andando verso i lembi esterni). Unite i due lembi del triangolo (quelli adiacenti alla piega) e fate una leggera pressione con le dita.

Adagiate i pansoti su una superficie infarinata e spolverateli di farina. Lavorate anche il resto della pasta fino ad esaurimento della pasta o del ripieno. Consiglio di sfogliare e riempire la pasta una pallina alla volta, onde evitare che si secchi durante i vari passaggi.

Bollite i pansoti in acqua leggermente salata e nella quale avrete aggiunto un cucchiaio di olio per 8 minuti, facendo attenzione a che non passino di cottura aprendosi nella pentola, quindi scolateli e serviteli caldi conditi con salsa di noci o anche solo burro e Parmigiano.

118 Pansoti (belly shaped ravioli)

● ● ○

This dish is a fine example of authentic Ligurian cuisine: linked to the land it comes from and wonderfully tasty. The stuffing is made with the mix of wild herbs called "prebuggiùn", foraged in the field, and with a fresh local cheese called Prescinsêua. These two ingredients can be difficult to find even within the Italian Riviera, so the recipe is often adapted using greens more easily found in the market and ricotta.

A fun fact: the word "pansoti" derives from the Ligurian dialect "pansa" which means belly. Therefore, when you shape your pansoti always remember that they must turn out well paunchy! Traditionally, pansoti pasta was very pale and made without eggs. I recommend the addition of eggs to get a pasta consistency that's easier to work with.

Ingredients
Serves 6

For the pasta dough
- 4 cups (1 lb) all-purpose flour
- 1 egg
- 4 tablespoons (2 fl oz) of dry white wine
- 12 tablespoons (6 fl oz) of room temperature water

For the filling
- 400 g (14 oz) of swiss chard
- 200 g (7 oz) of fresh spinach
- 200 g (7 oz) of borage
- 200 g (7 oz) of escarole
- 1 clove of garlic
- 100 g (3.5 oz) of prescinseua cheese or (⅓ cup of ricotta and 3 tablespoons of Greek yogurt)
- 3 tablespoons of grated Parmesan cheese
- 1 egg
- 1 tablespoon of fresh marjoram, finely minced
- Extra virgin olive oil
- Nutmeg
- Salt
- Pepper

For the dressing
Butter and Parmesan cheese to taste or walnut sauce (see page 77)

Wine
Ormerasco di Pornassio Sciac-trà DOC

Procedure
Start with making the pasta dough: pour the flour into a mound on the work surface and make a well in the centre. Crack the egg into the well and beat lightly with a fork. Add the white wine and water and start mixing the liquids with the fork. Little by little, draw in the flour from the sides of the well and gradually, the dough will harden.

When the dough starts to bind together, dig in with your hands and start kneading, blending and pressing with the heel of your palm many times.

If the dough remains too dry and flaky, add just a little water by wetting your palms. Repeat if needed until you get a soft, smooth and elastic dough. Check if it's ready by pressing a finger into the dough: when the dough springs back and the hole disappears, it's ready.

Leave to rest under a cup or bowl for half an hour.

Now prepare the filling. Clean the greens and boil them in slightly salted water for 5 minutes then drain, squeeze very hard and chop finely.

Put the greens in a big bowl, add eggs, prescinseua cheese, Parmesan cheese, minced marjoram and a pinch of nutmeg. Stir gently. Taste and adjust salt and pepper.

Now prepare the pansoti. Divide the dough into 4 small balls. Take one at the time and leave the others under a damp cloth. Roll the dough into a sheet as thin as a playing card with the aid of a pasta machine or a rolling pin and cut it into small squares of 6 cm (2 inches) per side.

Place a teaspoon of filling in the centre of each square. Using a pastry brush, wet the edges of the square with water and fold the dough across the diagonal to obtain a triangle. Press with your fingers along the edges in order to seal the filling inside the pasta. Join the edges of the triangle (along the diagonal) and press with your fingers to seal them together.

Lay each pansoto down on a generously floured surface and dust with more flour.

Boil pansoti in a big pan of salted water and a tablespoon of oil for 8 minutes whilst keeping a constant watch. Drain them carefully with a large slotted spoon or skimmer and serve with walnut sauce or butter and Parmesan cheese.

Vernazza, Cinque Terre

121

Risotto col polpo
Octopus risotto

● ○ ○

Ingredienti
Dosi per 4 persone
- 300 g di riso per risotti
- 350 g di polpo già lessato (700 g circa da crudo)
- 1 cipolla media
- 1 spicchio d'aglio
- 5 cucchiai di olio EVO
- 80 ml di vino bianco
- 2 cucchiai di prezzemolo fresco tritato
- Sale q.b.
- Pepe q.b.

Ingredients
Serves 4
- 300 g (10 oz) of risotto rice
- 350 g (12 oz) of boiled octopus (about 700 g, 24 oz raw)
- 1 medium onion
- 1 clove of garlic
- 5 tablespoons of extra virgin olive oil
- 80 ml (⅓ cup) of white wine
- 2 tablespoons of finely chopped flat parsley
- Salt
- Pepper

Procedimento
Mettete a bollire 1 litro d'acqua leggermente salata.

Tritate l'aglio e la cipolla e fateli rosolare a fuoco medio insieme all'olio in una padella dai bordi alti. Appena avranno preso colore, aggiungete il polpo tagliato a rondelle e lasciate insaporire per circa 2 minuti.

Bagnate con il vino bianco e lasciate evaporare l'alcool. Regolate di sale e pepe, aggiungete 1 mestolo d'acqua calda, aggiungete il riso e cuocete fino a farlo rosolare.

Continuate poi la cottura come per un normale risotto, bagnando di tanto in tanto con acqua calda. A fine cottura lasciate il risotto cremoso, regolate di sale, aggiungete il prezzemolo fresco tritato e servite caldissimo.

Procedure
Boil 1 liter (4 cups) of lightly salted water.

Finely chop the garlic and onion and brown with the oil in a wide deep saucepan over medium heat. As soon as they color, add the octopus cut into rounds and let flavor for about 2 minutes.

Pour in the white wine and let it evaporate. Season with salt and pepper and add one ladleful of hot water, then add the rice and cook until browned.

Then continue cooking as a risotto, adding hot water a ladleful at a time. At the end of cooking, with the risotto creamy, season to taste, stir through the chopped fresh parsley and serve very hot.

Vino - Wine
Mataossu Colline
Savonesi IGT

122 Riso arrosto
Genoese roasted rice

Il riso arrosto è un piatto tradizionale della cucina genovese che ricorda l'arroz seco della Spagna meridionale. Nasce come modo per riciclare il riso avanzato (una volta non si buttava via nulla) e diventa, con alcune piccole modifiche, un piatto ricco e prelibato.

Ingredienti
Dosi per 4 persone
- 320 g di riso carnaroli superfino
- 250 g di salsiccia di suino
- 1 L di brodo di carne
- 100 g di piselli novelli
- 2 carciofi
- 10 g di funghi secchi
- 3 cucchiai di olio EVO
- 30 g di burro
- ½ bicchiere di vino bianco secco
- 3 cucchiai di Parmigiano grattugiato
- 1 cipolla bionda piccola
- Succo di 1 limone
- Pangrattato q.b.
- Sale q.b.
- Pepe q.b.

Procedimento
Mettete i funghi secchi a bagno in acqua per circa 20 minuti, quindi scolateli, strizzateli e tagliateli finemente. Pulite i carciofi, tagliateli a fettine sottili e lasciateli a bagno in una ciotola con acqua e limone. Mettete a scaldare il brodo di carne.

Tagliate finemente la cipolla e fatela a rosolare con l'olio in un'ampia casseruola per 5 minuti. Private la salsiccia del budello, sminuzzatela e aggiungetela alla cipolla. Versate il vino bianco e lasciatelo evaporare.

Mettete nella padella i piselli, i carciofi scolati e i funghi tritati. Bagnate con 2 mestoli di brodo di carne bollente e fate stufare a fuoco basso per 20 minuti. Preriscaldate il forno a 180°C.

Lessate in molta acqua salata il riso, ritiratelo a metà cottura (dopo circa 7 minuti) e scolatelo. Togliete il condimento dal fuoco, unitevi il riso e 2 cucchiai di Parmigiano. Mescolate il tutto e regolate di pepe e sale a piacere.

Ungete d'olio una pirofila da forno, versatevi il riso, livellatelo e bagnate con 1 mestolo di brodo di carne. Mettete qualche fiocchetto di burro sulla superficie e spolverate di pangrattato.

Infornate e fate cuocere per 20-25 minuti o fino a quando il brodo si sarà asciugato, poi per altri 5 minuti solo con il grill acceso, così da ottenere una bella crosticina dorata. Servite caldo o tiepido.

Vino - Wine
Ciliegiolo Golfo del Tigullio

Roasted rice is a traditional Genoese dish reminiscent of Spanish "arroz seco". It was a way to use up risotto leftovers and became, with some small changes, a rich and delicious dish.

Ingredients
Serves 4
- 320 g (1 ½ cups) of superfine carnaroli rice
- 250 g (9 oz) of Italian sausage
- 1 lt (4 cups) of meat broth
- 100 g (3.5 oz) of fresh baby peas, shelled
- 2 artichokes
- 10 g (⅓ oz) of dried mushrooms
- 3 tablespoons of extra virgin olive oil
- 39 g (1 oz) of unsalted butter
- ½ glass (¼ cup) of dry white wine
- 3 tablespoons of grated Parmesan cheese
- 1 small onion
- 1 lemon, the juice
- ½ cup of bread crumbs
- Salt
- Pepper

Procedure
Soak the dried mushrooms in water for about twenty minutes, then drain, squeeze and chop finely. Clean the artichokes, removing thorns and the inner choke. Cut into thin slices and leave to soak in a bowl of water with the juice of a lemon.
Heat the meat stock.

Heat the olive oil in a large saucepan and brown the chopped onion for about 5 minutes. Remove the sausagemeat from its casing, and add to the onion, breaking up the meat. Pour in the white wine and let it cook off (evaporate). Add the peas, the drained artichokes and the soaked and chopped dried mushrooms. Pour in 2 ladles (2 cups) of hot meat stock and cook over a low heat for 20 minutes. Preheat the oven to 180°C (350°F).

Boil the rice in plenty of salted water, remove from the heat halfway (after about 7 minutes) and drain. Remove the vegetable and sausage from the heat and add the par-cooked rice with 2 tablespoons of Parmesan cheese and mix everything together. Season with salt and pepper to taste.

Grease a baking dish with oil, pour in the rice mixture and level the surface with the back of a spoon. Pour over 1 cup of meat stock, dot with butter and sprinkle with breadcrumbs.

Bake in the oven for 20-25 minutes until the broth has dried out of the rice, then put the dish under a hot grill for 5 more minutes to obtain a nice golden crust. Serve hot or lukewarm.

124 Minestrone

● ○ ○

Il minestrone, "u menestrón", è un piatto casalingo che sa di fine giornata, di cene quotidiane attorno al tavolo della cucina. Non esiste una ricetta precisa o "ufficiale", un po' perché nel minestrone si mettevano le verdure di stagione, quelle che c'erano al momento, e un po' perché ogni famiglia aveva le proprie abitudini e i propri gusti. In generale, in primavera il minestrone era più vario e veniva arricchito con il pesto di basilico. In inverno invece, quando il basilico non c'era, a fine cottura le poche verdure di stagione erano condite con un soffritto di cipolla e prezzemolo.

Ingredienti

Dosi per 6 persone
- **300 g di fagioli borlotti freschi (150 g una volta sgusciati o 200 g già cotti)**
- **150 g di fagiolini**
- **150 g di bietole**
- **100 g di cavolo verza (circa 1 fetta)**
- **100 g di zucca**
- **3 zucchine medie**
- **2 patate medie**
- **1 carota grande o 2 piccole**
- **1 melanzana piccola**
- **1 porro**
- **1 costa di sedano**
- **100 g di pasta corta da minestra (ditalini rigati, vermicelli, bricchetti o scucuzzun)**
- **1 pezzo piccolo di crosta di Parmigiano ben raschiata**
- **1 cucchiaio di Parmigiano grattugiato**
- **½ mazzetto di basilico**
- **½ spicchio d'aglio**
- **Olio EVO q.b.**
- **Sale q.b.**

Procedimento

Sgusciate i fagioli e raccoglieteli in una ciotola. Sciacquate le zucchine, i fagiolini e le carote e tagliate tutto a cubetti di uguali dimensioni. Pelate le patate, la zucca e la melanzana e tagliate anch'esse a cubetti di uguali dimensioni. Affettate finemente i porri, le bietole e il cavolo verza e aggiungeteli alle verdure.

Versate tutte le verdure in una pentola dai bordi alti e aggiungete acqua fino a quando il livello dell'acqua supererà di due dita quello delle verdure. Fate cuocere a fuoco lento per 40 minuti. Se usate fagioli borlotti in scatola, aggiungeteli adesso. Aggiungete un cucchiaio di sale grosso da cucina e la crosta di Parmigiano ben raschiata, quindi lasciate cuocere a fuoco lento per altri 30 minuti, mescolando di tanto in tanto. Se risulta troppo asciutto, aggiungete poca acqua.

Prelevate 2 mestoli di minestra, frullateli a parte e versateli nuovamente nella pentola. Versate la pasta e lasciate cuocere finché non sarà cotta. Se il minestrone risulta troppo denso, aggiungete un bicchiere d'acqua calda insieme alla pasta.

Lavate e asciugate bene le foglie di basilico e pestatele insieme all'aglio (preferibilmente nel mortaio, ma va bene anche nel frullatore). Una volta ottenuta una crema, aggiungete il Parmigiano e mescolate. Terminate aggiungendo l'olio extravergine d'oliva e mescolate manualmente.

Quando la pasta è cotta, versate nel minestrone il battuto di basilico, mescolate e regolate di sale. Il battuto di basilico si può aggiungere anche alla fine, mettendone un cucchiaino in ogni piatto prima di servire.

Vino - Wine
Rossese Riviera Ligure di Ponente DOC

Minestrone is a homely dish, served at dinner after a long day's work when the family eventually sat together around the kitchen table. There is no standard and "official" recipe because minestrone was made with seasonal vegetables; whatever was available, and because every family has their own habits and tastes. In general, minestrone was more varied in spring, when it was enriched with a basil pesto. In winter, when basil was unavailable, the few seasonal vegetables were seasoned after cooking with a soffritto of onion and parsley.

Ingredients
Serves 6
- 300 g (10 oz) of fresh borlotti beans (150 g or 5 oz once shelled or 200 g or 7 oz canned)
- 150 g (5 oz) of green beans
- 150 g (5 oz) of chard
- 100 g (3.5 oz) of savoy cabbage (a small slice)
- 100 g (3.5 oz) of pumpkin
- 3 medium zucchini
- 2 medium potatoes
- 1 large carrot or two small
- 1 small eggplant (aubergine)
- 1 leek
- 1 celery stalk
- 100 g (3.5 oz) of short pasta (like vermicelli)
- 1 small piece of Parmesan cheese rind
- 1 tablespoon of grated Parmesan cheese
- ½ bunch of basil (ab 40 g of leaves)
- ½ clove of garlic
- Extra virgin olive oil
- Salt

Procedure
Shell the borlotti beans and collect them in a bowl. Rinse the zucchini, green beans and carrots and cut them into equally sized dice. Peel the potatoes, pumpkin and eggplant and dice similarly. Slice the leeks, chard and savoy cabbage and add them to the other vegetables.

Pour the vegetables in a wide pot, cover with 2 fingers of water, stir and cook on low heat for about 40 minutes. If you use canned beans, add them now. Add the Parmesan crust and cook for another 30 minutes. If it looks too dry, add water.

Scoop out 2 ladles of your minestrone, blend it separately, then pour the blended soup back into the saucepan. Add the pasta and cook until the pasta is ready. If the soup seems dry, add a glassful of hot water.

For preparing the basil pesto, rinse and dry the basil leaves very well. Smash the basil and garlic together (in the mortar for preference, or with the blender). If you use the mortar, a few grains of coarse rock salt will help.

When leaves and garlic are creamed together, stir or pulse in the Parmesan cheese. Finally, stir in the extra virgin olive oil by hand.

When the pasta is ready, pour the pesto into the minestrone, stir gently, then scoop into a serving dish. Allow the soup to cool somewhat before serving. You can also add the pesto at the end, 1 teaspoon in each serving dish.

128

Zemin di ceci
Chickpea and chard soup

● ○ ○

Lo zemin di ceci o, in dialetto, "çeixai co-o zemin", è un grande classico della cucina povera genovese, una zuppa che si prepara principalmente nei mesi freddi. La parola "zemin" deriva dall'arabo "samin", che significa "salsa densa". Con questo termine nella cucina genovese si intende una minestra vegetale molto liquida a base di vegetali a foglia, principalmente bietole: l'esempio di una di quelle belle inversioni di significato che caratterizzano le contaminazioni culturali medievali.

Ingredienti
Dosi per 4 persone
- 400 g di ceci già cotti
- 1 L di brodo vegetale
- 1 carota
- 1 cipolla
- 1 costa di sedano
- 1 mazzo di bietole
- 1 cucchiaio di concentrato di pomodoro
- 4 fette di pane tostato
- 3 cucchiai di olio EVO
- Sale q.b.
- Pepe nero q.b.

Procedimento
Mettete a scaldare il brodo vegetale. Tritate finemente carota, cipolla e sedano. Nella pentola dai bordi alti che userete per cuocere la zuppa, fate rosolare le verdure tritate con l'olio extravergine d'oliva.

Quando le verdure saranno dorate, aggiungete la passata di pomodoro e lasciate insaporire per un minuto, mescolando. Aggiungete quindi i ceci già cotti e rosolateli insieme alle verdure per un paio di minuti.

Nel frattempo lavate e tagliate le bietole a strisce sottili. Aggiungetele quindi nella pentola e versate il brodo vegetale fino a ricoprire interamente le verdure. Abbassate la fiamma, coprite con un coperchio e lasciate cuocere per 45 minuti. Se necessario, prima di servire regolate di sale.

Nel piatto in cui verrà servita la zuppa, adagiate una fetta di pane tostato, quindi versateci sopra la zuppa e completate il piatto con un filo d'olio extravergine d'oliva a crudo e una spolverata di pepe nero.

Vino - Wine
Ormeasco di Pornassio
Sciac-tra Doc

Chickpea and chard soup is a classic autumnal recipe of the Italian Riviera. Historically, the peasants cooked lots of pulses into their everyday meals. Meat was always scarce and saved for feast days. Pulses – like chickpeas – were cheap, highly nourishing and they keep well in winter, too. Chard was also easily available in winter, because it grows willingly in the Italian Riviera, even in winter.

Ingredients
Serves 4
- 400 g (2 cans) of pre-cooked chickpeas
- 1 lt (ab 4 cups) of vegetable broth
- 1 carrot
- 1 onion
- 1 stick of celery
- 1 bunch (ab 1 lb) of chard
- 1 tablespoon of tomato paste
- 4 slices of toasted bruschetta bread
- 3 tablespoons of extra virgin olive oil
- Salt
- Black pepper

Procedure
Warm the vegetable broth in a saucepan. Dice the carrot, the onion and the stick of celery. Heat the extra virgin olive oil in another roomy saucepan and cook your chopped vegetables on a low heat until soft and golden.

Add the tomato paste and cook for another minute, stirring all the time. Add the drained chickpeas and let them savor with the vegetables for a couple of minutes, stirring constantly.

Clean and slice the chard, stir the leaves into your saucepan.

Add the hot vegetable broth, cover with a lid and leave to cook on low heat for 45 minutes. Add salt to taste, and complete the dish with a generous drizzle of extra virgin olive oil and a twist of pepper.

If you like, you can put a slice of toasted bread in the bottom of your soup bowl before pouring the soup on top. Season with a drizzle of extra virgin olive oil and a sprinkle of black pepper.

130 *Buridda*
Fish soup

La buridda è una delle zuppe di pesce più famose della cucina ligure. Il nome buridda origina dalla parola araba "bourride", che significa "a pezzetti".
La ricetta varia a seconda della località e del periodo storico di riferimento. In ogni caso, viene realizzata unendo diverse varietà di pesce, meglio se di scoglio, e spesso arricchita con moscardini e muscoli. Oltre al pesce, che viene lasciato intero, gli ingredienti principali sono capperi, funghi secchi, pomodoro, prezzemolo e le tradizionali gallette del marinaio su cui viene servita.

Ingredienti
Dosi per 4 persone
- 600 g di pesce di scoglio (triglie, saraghi, orate, scorfani, gallinelle)
- 100 g di moscardini
- 100 g di muscoli
- 2 filetti di acciuga salata
- 10 g di funghi secchi
- 250 g di pomodori maturi o pomodori ciliegini
- 30 g di pinoli
- 70 ml di vino bianco secco
- 1 cucchiaino di capperi dissalati
- 1 cipolla piccola
- 1 carota
- 1 costa di sedano
- 1 spicchio d'aglio
- 1 cucchiaio di foglie di prezzemolo tritate
- 4 cucchiaio di olio EVO
- 2 gallette del marinaio o 4 fette di pane tostato
- Sale q.b.
- Pepe bianco q.b.

Procedimento
Mettete a scaldare 1 litro di acqua. Pulite il pesce, evisceratelo e squamatelo se necessario.
Pelate i pomodori e tritateli finemente.

Tritate insieme i funghi secchi, la carota, il sedano, il prezzemolo, l'aglio e la cipolla.

Mettete il trito in una casseruola dai bordi alti con 4 cucchiai di olio extravergine d'oliva e, quando comincerà a soffriggere, unite i filetti d'acciuga lasciandoli sciogliere lentamente.

Aggiungere i pinoli e i capperi. Dopo 2 minuti sfumate con il vino bianco. Versate quindi i pomodori, lasciateli ammorbidire per 1 minuto e infine adagiatevi il pesce, i moscardini e i muscoli. Versate due mestoli d'acqua bollente fino a coprire completamente il pesce. Fate cuocere per 20 minuti a fuoco lento senza mescolare.

A cottura ultimata, tirate fuori delicatamente il pesce, rimuovete pelle, lisca, testa e spine e rimette nella pentola i filetti. Adagiate in ciascun piatto mezza galletta del marinaio o una fetta di pane tostato e versateci sopra la zuppa bollente, facendo attenzione a distribuire i pezzi di pesce, moscardini e cozze in modo uguale tra i piatti. Decorate con un giro di olio extravergine d'oliva a crudo e una spolverata di prezzemolo tritato.

Vino - Wine
Colline di Levanto
Vermentino DOC

Buridda is one of the most famous fish soups in Liguria's cuisine. The origin of the name buridda is attributed to an Arabic word "bourride" which means "in pieces".

The recipe varies depending on your exact location on the riviera and the historical period of reference. In any case, it can be made with a variety of different fish, rock fish for preference, and it's often enriched with musky octopus and mussels. In addition to the fish, important ingredients are capers, dried mushrooms, tomato, parsley and the traditional sailors' crackers (gallette del marinaio) on which it is served.

Ingredients
Serves 4
- 600 g (21 oz) of rockfish (eg. mullet, bream, redfish, gurnard)
- 100 g (3.5 oz) of musky octopus (optional)
- 100 g (3.5 oz) of mussels (optional)
- 2 salted anchovy fillets
- 10 g (0.3 oz) of dried mushrooms
- 250 g (8 oz) of ripe tomatoes or cherry tomatoes
- 30 g of pine nuts
- 70 ml (about half glass) of dry white whine
- 1 teaspoon of capers, rinsed of salt
- 1 small onion
- 1 carrot
- 1 rib (or stick) of celery
- 1 clove of garlic
- 1 tablespoon of chopped parsley leaves
- 4 tablespoons of extra virgin olive oil
- 2 sailor's crackers or 4 slices of toasted bruschetta bread
- Salt
- White pepper

Procedure
Heat 1 liter (about 4 cups) of water to boil.Clean and prepare the fish, removing entrails and descale if necessary. Peel the tomatoes and chop finely.

Chop together the dried mushrooms, carrot, celery, parsley, garlic and onion.

Put the chopped vegetables in a deep saucepan with 4 tablespoons of extra virgin olive oil and when it starts to fry, add the fillets of anchovy, letting them melt slowly.

Add pine nuts and capers. After 2 minutes, pour in white wine and let it evaporate. Then add the chopped tomatoes, allowing them to soften a while. Lay the fish, the octopus and mussels (if using) on top. Pour over two ladles of boiling water to wet the fish.

Cook, covered, for 20 minutes on a low heat without stirring.

When cooked, gently take out the fish to remove the skin, the heads, and take it off the bone. Return the cooked fillets to the pot in large pieces.

In each serving dish, place half the sailor's cracker or a slice of toasted bruschetta bread and pour over the hot soup, taking care to distribute the pieces of fish, musky octopus and mussels equally between the dishes. Decorate with a drizzle of extra virgin olive oil and a sprinkle of chopped parsley.

Portovenere, Riviera di Levante

Camogli, Riviera di Levante

134 Mesciua

● ○ ○

La mesciua è un piatto povero della tradizione spezzina. Nasce dall'usanza di mescolare i legumi sciolti raccolti sulle banchine del porto di La Spezia praticata dalle mogli dei marittimi che scaricavano le navi. Ceci, fagioli e chicchi di grano o farro "scappati" dalle cuciture dei sacchi si trasformano così in nutrienti zuppe da condire solo con olio, pepe e qualche erba aromatica.

Ingredienti
Dosi per 4 persone
- 300 g di ceci secchi
- 300 g di fagioli cannellini secchi
- 150 g di farro (o grano tenero)
- 1 spicchio d'aglio
- Bicarbonato q.b.
- Olio EVO q.b.
- Rosmarino q.b.
- Sale q.b.
- Pepe nero q.b.

Procedimento
Versate i fagioli cannellini in una ciotola, copriteli con abbondante acqua, aggiungete un pizzico di bicarbonato e lasciateli in ammollo per 18 ore.

Fate la stessa cosa con i ceci e il farro (o il grano), che invece avranno bisogno di almeno 12 ore di ammollo. Se usate il farro perlato, questo passaggio non è necessario.

Trascorso il tempo, scolate i legumi e il farro, metteteli in pentole separate con acqua fredda e portate a bollore, aggiustando di sale. Lessate ceci e farro per circa 3 ore, i fagioli per 1 ora e 30 minuti. Se usate il farro perlato, il tempo di cottura è di 30 minuti.

Una volta cotti, unite i legumi e il farro insieme a parte del loro liquido di cottura (circa 1 litro e mezzo), aggiungete uno spicchio d'aglio vestito e un rametto di rosmarino. Regolate di sale e cuocete ancora per circa 15 minuti, in modo da amalgamare bene i sapori.

Servite la zuppa calda con un giro di olio extravergine di oliva a crudo e una macinata abbondante di pepe nero.

Vino - Wine
Colli di Luni
Vermentino DOC

Mesciua is a "poor dish" from La Spezia, born from the custom of mixing together all the legumes collected on the docks of the port of La Spezia by the wives of the sailors and dockers who unloaded the ships. Chickpeas, beans and grains of wheat or spelt that "escaped" from the seams of the sacks were transformed into nutritious soups, seasoned only with oil, pepper and some fresh seasonal herbs.

Ingredients
Serves 4
- 300 g (10 oz) of dried chickpeas
- 300 g (10 oz) of dried cannellini beans
- 150 g (5 oz) of spelt (or common wheat)
- 1 clove of garlic
- Baking soda (bicarbonate of soda)
- Extra virgin olive oil
- Rosemary
- Salt
- Black pepper

Procedure
Soak the cannellini beans for 18 hours, covered with plenty of water and a pinch of baking soda. Do the same with the chickpeas and spelt (or wheat), both of which need at least 12 hours of soaking. If you use pearl spelt, such long soaking is not necessary.

Once rehydrated, drain the legumes and spelt of the soaking water, put them in separate pots with fresh cold water and bring to a boil. Salt and cook chickpeas and spelt for about 3 hours, beans for 1 hour and 30 minutes. If you use pearl spelt the cooking time is about 30 minutes.

Once cooked, mix the legumes and the spelt together adding some of their cooking liquid (you must have about 1.5 liter or 6 cups), a clove of garlic and a sprig of rosemary. Season to taste with salt and cook together for about 15 minutes to mix the flavors.

Serve the soup hot with a drizzle of extra virgin olive oil and a generous grind of black pepper.

138 Lattughe in brodo
Stuffed lettuce in broth

● ● ○

Ecco come trasformare una verdura delicata come la lattuga in un piatto saporito ed elegante. Quella delle lattughe in brodo è una ricetta antichissima della cucina genovese (pare fossero servite sulle tavole dei nobili già nel 1600) e tipica del giorno di Pasqua. Non fatevi ingannare dal nome: non è un piatto vegetariano, almeno nella versione tradizionale. Il ripieno infatti è un ricco battuto di carni e interiora, insaporito generosamente da maggiorana fresca.

Ingredienti

Dosi per 4-6 persone
- 600 g di carne di vitello (400 g di punta di petto, 100 g di cervella, 100 g di animelle)
- 2 L di brodo di carne
- 2 uova
- 3 lattughe (circa 20 foglie)
- 50 g di burro
- 4 cucchiai di Parmigiano grattugiato
- 4 cucchiai di olio EVO
- 3 cucchiai di maggiorana tritata
- Noce moscata q.b.
- Sale fino e grosso q.b.
- Pepe q.b.

Procedimento

Lessate le foglie di lattuga in acqua bollente salata, una ad una e per pochi secondi ciascuna. Scolatele, immergetele in una ciotola con acqua e ghiaccio (per mantenerne il colore verde brillante) e lasciatele asciugare ben allargate su un canovaccio.

Tagliate a pezzi la punta di vitello (circa 2 cm di lato). Scottate le animelle in acqua leggermente salata, privatele della pellicina esterna e tagliatele a pezzetti. Tagliate a pezzetti anche le cervella.

Scaldate una padella capiente, versateci l'olio e il burro e, quando il burro sarà ben sciolto e l'olio caldo, aggiungete la punta di vitello, abbondanti foglie di maggiorana e mezzo cucchiaino di sale grosso. Fate rosolare a fuoco medio per 3-4 minuti, mescolando. Aggiungete quindi le cervella e le animelle e fate cuocere, mescolando spesso, fino a quando la carne sarà abbrustolita ma non bruciata.

Levate la carne dal fuoco, scolatela dal liquido di cottura e tritatela grossolanamente (attenzione, non deve essere frullata!). Aggiungete quindi le uova, il Parmigiano grattugiato e la maggiorana e mescolate il tutto. Aggiungete noce moscata a piacere e regolate di sale e pepe. Il ripieno è pronto.

Prendete una delle foglie di lattuga precedentemente sbollentate, allargatela sul piano di lavoro, metteteci al centro un cucchiaio di ripieno e ripiegate i bordi della foglia all'interno, come se fosse un pacchetto.

Procedete con le altre foglie fino ad esaurimento del ripieno. Di volta in volta, sistemate le lattughe ripiene in una padella molto capiente. Disponetele una accanto all'altra e con i bordi di chiusura rivolti verso il basso: in questo modo, in fase di cottura il ripieno non uscirà.

A parte, portate a ebollizione il brodo insieme ad alcune foglie di maggiorana. Una volta caldo, versatelo nella padella dove avete riposto le lattughe ripiene fino a coprirne la superficie. Fate cuocere a fuoco lento per 10 minuti.

Servite le lattughe in un piatto fondo con il loro brodo caldo. Spolverate con Parmigiano a piacere.

Vino - Wine
Cimixa Golfo del Tigullio Portofino DOC

Here's how to turn a delicate vegetable like lettuce into a tasty and elegant dish. Stuffed lettuce in broth is an ancient recipe of Genoese cuisine, served at noble tables since the 1600's, and often at Easter. Don't make the mistake of thinking this is a vegetarian dish (at least not in the traditional version), because the filling is in fact a rich mixture of meat and offal, generously flavored with fresh marjoram.

Ingredients
Serves 4-6
- 600 g (1.3 lb) of veal (400 g/14 oz of brisket, 100 g/3.5 oz of brains, 100 g/3.5 oz of sweetbreads)
- 2 lt (8 cups) of light beef broth
- 2 eggs
- 3 heads of butter lettuce, the outer leaves (about 20 leaves in total)
- 50 g (3 tablespoons) of butter
- 4 tablespoons of grated Parmesan cheese
- 4 tablespoons extra-virgin olive oil
- 3 tablespoons of minced marjoram leaves
- Nutmeg
- Salt
- Pepper

Procedure
Blanch the lettuce leaves, one by one, for just a few seconds in boiling salted water. Drain and immerse in a bowl full of iced water (to preserve their bright green color) and lay them on a kitchen towel to dry.

Cut the veal into bite-size pieces (about 2 cm or 0.7 inch per side). Blanch the sweetbreads in lightly salted water, peel off the outer skin and cut into pieces. Also cut the brains into pieces.

Heat the extra virgin olive oil and butter in a large pan, and add the veal when it's hot, together with plenty of the marjoram leaves and ½ teaspoon of rock salt. Brown over a medium heat for 3-4 minutes, stirring all the while. Then add the brains and sweetbreads and cook, stirring often, until the meat is browned all over.

Remove the meat from the heat, strain off the cooking liquid and chop coarsely (you don't want to puree it). Add the whole eggs, the grated Parmesan cheese and stir well. Add grated nutmeg to taste and season with salt and pepper. The filling is ready.

Take one of the previously blanched lettuce leaves, spread it on the worktop, place a spoonful of filling in the middle of the leaf and fold the edges underneath into a tidy package. If you wish, you can tie them with kitchen twine to prevent the filling from escaping.

Proceed with the other lettuce leaves until the filling is finished. From time to time, place the stuffed leaves snugly together in a very large pan with the closed edges facing down (this will prevent the filling from escaping during further cooking).

Bring the broth to a boil and add some marjoram leaves. Once hot, pour it into the pan of stuffed lettuce leaves. Simmer for 10 minutes.

Serve a stuffed lettuce parcel in a bowl (remove the string if you used it in your preparation), and ladle over some hot broth. Sprinkle with Parmesan cheese if you like.

140 *Pute*

● ○ ○

La pute è una zuppa contadina molto antica, realizzata con poche verdure fresche di stagione, cotte lentamente e arricchite da farina di mais e abbondante olio extravergine d'oliva a fine cottura.
I fratelli Gianni e Rossella Buzzone, proprietari da quattro generazioni dell'Osteria Enoteca Baccicin du Caru a Mele, ne tengono ancora in vita la ricetta, cucinandola spesso in primavera per gli affezionati clienti. Ma questo è solo uno dei tanti piatti liguri che si possono assaggiare nel loro ristorante, un luogo semplice e accogliente dove la cucina casalinga di una volta, fatta con amore, rispetto delle tradizioni e prodotti del territorio scelti con cura, è l'indiscussa protagonista.

Ingredienti
Dosi per 4 persone
- 3 L di acqua
- 400 g di fagioli borlotti freschi
- 500 g di patate
- 300 g di zucchine
- 200 g di fagiolini
- 200 g di zucca
- 150 g di farina di mais
- 1 mazzo di bietole
- 1 costa di sedano
- 1 porro medio
- 60 ml di olio EVO
- Sale q.b.

Procedimento
Lavate e mondate le verdure e tagliatele a piccoli pezzi. Sgranate i fagioli freschi. Mettete tutte le verdure in una grande pentola con l'acqua e portate ad ebollizione. Abbassate la fiamma e lasciate cuocere a fuoco lento per circa un'ora e mezza, aggiungendo acqua se necessario.

A parte, setacciate bene la farina di mais quindi, senza smettere mai di mescolare, unitela a pioggia alle verdure. Continuate la cottura, mescolando frequentemente, per altri 45 minuti.

Verso fine cottura aggiungete l'olio extravergine d'oliva e regolate di sale. Servite il piatto ben caldo.

Vino - Wine
Val Polcevera Rosso DOC

Pute is a peasant soup with a very long history, made with a few fresh seasonal vegetables, cooked slowly and enriched with polenta (cornmeal) and plenty of olive oil just at the end of cooking.
The brothers Gianni and Rossella Buzzone, fourth generation owners of the Osteria Enoteca Baccicin du Caru in Mele, keep the recipe alive, often cooking it in spring for their loyal customers. Pute is just one of the many Ligurian dishes you can taste at their restaurant, a simple, welcoming place where regional home cooking is made with love, respect for tradition and carefully chosen local produce.

Ingredients
Serves 4-6
- 3 lt (ab 12 cups) of water
- 400 g (14 oz) of fresh borlotti beans
- 500 g (17.5 oz) of potatoes
- 300 g (10.5 oz) of zucchini
- 200 g (7 oz) of green beans
- 200 g (7 oz) of pumpkin
- 150 g (5 oz) of polenta (cornmeal)
- 1 bunch of swiss chard
- 1 stalk of celery
- 1 medium leek
- 60 ml (0.2 cups) of extra virgin olive oil
- Salt

Procedure
Wash and peel the vegetables and cut into small pieces. Shuck the fresh beans. Put all the vegetables in a large pot with water and bring to a boil. Lower the heat and simmer for about an hour and a half, top up with water if needed.

Sieve the polenta well and add it to the vegetables, stirring constantly. Continue cooking, stirring frequently, for another 45 minutes.

At the end of cooking, add extra virgin olive oil and season with salt. Serve hot.

143

Carne - Meat

144 Cima ripiena

• • •

La cima genovese, secondo alcuni il "re dei piatti freddi", nasce come preparazione povera. In una sacca realizzata con la pancia del vitello finivano, insieme alle uova e ad un poco di formaggio, frattaglie come filoni, animelle, cervella e schienali, considerati pezzi di scarto di poco valore. Quando veniva portata in tavola, tuttavia, nella sua abbondante rotondità la cima sembrava proprio un arrosto di carne pregiata, facendo bella figura anche sulle tavole più modeste. Il piatto, anche per la sua laboriosità, generalmente viene preparato per le grandi occasioni, oltre che per Natale e Pasqua

Ingredienti

Dosi per 6-8 persone
- 1 kg di pancia di vitello
- 150 g di polpa di vitello
- 150 g tra cervello e animelle (opzionali)
- 150 g di prosciutto cotto tagliato a cubetti piccoli
- 6 uova
- 100 g di piselli sgranati
- 2 carote
- 20 g di burro
- 2 cucchiai di pinoli
- 4 cucchiai di Parmigiano grattugiato
- 3 cucchiai di olio EVO
- 1 foglia di alloro
- 1 rametto di rosmarino
- 1 cucchiaio di maggiorana fresca tritata
- Noce moscata q.b.
- Sale q.b.
- Pepe q.b.

Per il brodo
- 1 carota
- 1 costa di sedano
- 1 cipolla piccola

Inoltre
- 1 garza da cucina
- Ago e filo da cucina

Procedimento

Cucite la pancia di vitello con del filo da cucina, in modo da ottenere una sacca rettangolare con il lato più corto aperto (potete anche chiedere alla macelleria di prepararla al posto vostro).

Pulite le carote e tagliatele a dadini piccoli. Fatele stufare per 10 minuti insieme ai piselli in una padella con 2 cucchiai d'olio e 1 cucchiaio d'acqua, facendo attenzione a che restino sodi. Rimuovete la padella dal fuoco e lasciate raffreddare.

Tagliate a cubetti la carne di vitello e fatela rosolare in una padella antiaderente con 1 cucchiaio d'olio, l'alloro e il rosmarino. Quando sarà dorata su ogni lato, toglietela dal fuoco.

Pulite bene il cervello e le animelle, tagliateli a cubetti e rosolateli in una padella con il burro. Quando saranno dorati su ogni lato, ritirate dal fuoco. Tritate grossolanamente le carni con una mezzaluna.

Sbattete le uova in una terrina, quindi aggiungete il Parmigiano, i pinoli, le verdure saltate, le carni tritate, il prosciutto a dadini e la maggiorana tritata. Mescolate e insaporite con noce

Vino
Val Polcevera Rosso DOC

moscata, sale e pepe a piacere. Aiutandovi con un cucchiaio, versate il composto nella sacca di vitello, riempiendola fino a metà. Quindi cucite con ago e filo da cucina il lato aperto. Per essere sicuri che il composto non fuoriesca dalla sacca, avvolgete strettamente la cima in una garza da cucina.

Mettete sul fuoco una pentola capiente con acqua salata, la carota, la costa di sedano e la cipolla. Quando l'acqua sarà tiepida immergetevi la cima (dovrà essere interamente coperta dall'acqua) e fatela cuocere per 2 ore.

Dopo circa 20 minuti bucherellate la cima un paio di volte con l'ago da cucina o con uno stuzzicadenti, in modo da far uscire il vapore che si sarà creato al suo interno.

A cottura ultimata fatela raffreddare su un piatto coperta da un altro piatto, a sua volta sovrastato da un grande peso (ad esempio un mortaio di marmo): in questo modo la cima verrà pressata, permettendo la fuoriuscita dell'eventuale brodo rimasto al suo interno.

Servite la cima fredda, tagliata a fettine sottili di circa 1 cm. Se ne avanza un po', potete tagliarla a fette, impanarla e friggerla: è ottima!

148 Cima ripiena (stuffed veal belly)

●●●

Genoese Cima, considered by some to be the "king of cold dishes", was originally a poor family's dish. In a bag or pocket made from the belly of the calf, eggs and cheese are mixed with offal and offcuts: sweetbreads, brains and cuts considered of little value. When brought to the table in all its abundant roundness however, Cima looked just like a roast of fine meat, creating a good impression on even the most modest of tables. For its hard work, the dish is usually prepared for special occasions and holidays such as Christmas and Easter.

Ingredients
Serves 6-8
- 1 kg (2.2 lb) of calf belly
- 150 g (5 oz) of veal meat, diced
- 150 g (5 oz) brain and sweetbreads (optional)
- 150 g (5 oz) of cooked ham cut into small cubes
- 6 eggs
- 100 g (3.5 oz) of shelled peas
- 2 carrots
- 20 g (1 teaspoon) of unsalted butter
- 2 tablespoons of pine nuts
- 4 tablespoons grated Parmesan cheese
- 3 tablespoons extra virgin olive oil
- 1 bay leaf
- 1 sprig of rosemary
- 1 tablespoon of fresh marjoram, finely chopped
- Nutmeg
- Salt
- Pepper

For the broth
- 1 carrot
- 1 rib or stalk of celery
- 1 small onion

Also
- 1 kitchen gauze (cheesecloth)
- Kitchen needle and twine

Procedure
Sew the calf belly with kitchen twine to obtain a rectangular bag with the shorter side open (you can try asking the butcher to prepare it for you).

Clean and dice the carrots into small cubes. Let them stew together for 10 minutes in a shallow pan with 2 tablespoons of oil, together with the peas and 1 tablespoon of water, but keep them firm, don't overcook them. Remove from the heat and let cool.

In a non-stick frying pan, brown the diced veal meat with 1 tablespoon of oil, bay leaf and rosemary. When it's coloured on all sides, remove from the heat.

Clean the brain and sweetbreads well (if using), cut them up and brown in a pan with butter. When they are golden on each side, remove from heat. Chop all the cooked meats together with a knife.

In a bowl, beat the eggs and then add the Parmesan cheese, pine nuts, sautéed vegetables, minced meat, diced ham and chopped marjoram. Mix and season with nutmeg, salt and pepper to taste.

Wine
Val Polcevera Rosso DOC

With a spoon, pack the mixture into the veal pouch, until half full. Then sew up the open side with kitchen thread and needle. To be sure that the filling does not spill from the bag, wrap it securely in the cheesecloth.

Put a large pot of salted water on the fire with the carrot, celery and onion. When the water is hot, slide in the stuffed veal and cook, submerged for 2 hours.

When cooked, leave it to cool on a plate, covered by another plate with a good weight on top (for example a marble mortar or a saucepan full of water) in order to squeeze out any broth still inside. Serve cold cut into thin slices of about 1 cm (0.3 inch). Any leftovers, always cut in slices, are very good breaded and fried!

150 Coniglio alla ligure
Rabbit Ligurian style

● ● ○

È forse uno dei secondi più conosciuti e caratteristici della cucina dell'entroterra ligure, in particolare della Riviera di Ponente. La carne bianca e delicata del coniglio è esaltata dai pinoli, dalle abbondanti erbe aromatiche, dalle immancabili olive taggiasche e dal vino, rosso o bianco a seconda della ricetta di famiglia.

Ingredienti
Dosi per 4 persone
- 1 kg di coniglio in pezzi (1 coniglio, inclusi testa e costato)
- 3 cucchiai di pinoli
- 50 g di olive taggiasche denocciolate
- ½ carota
- 1 costa di sedano
- ½ cipolla bianca piccola
- 100 ml di vino bianco (1 bicchiere)
- 7 cucchiai di olio EVO
- 2 foglie d'alloro
- 2 rametti di rosmarino
- 1 rametto di timo
- Sale q.b.

Procedimento
Preparate il brodo di coniglio con 500 ml di acqua, la testa e il costato del coniglio, la carota, la cipolla, il sedano, una foglia di alloro e un cucchiaino di sale. Fate cuocere per 30 minuti (potete saltare questo passaggio utilizzando del brodo di pollo in dado).

Rosolate il coniglio (esclusi cuore, reni e fegato) in 3 cucchiai di olio in modo che diventi dorato in ogni sua parte, poi sfumate con ½ bicchiere di vino bianco. Fate evaporare l'alcol cuocendo ancora per 5 minuti, poi spostate il coniglio in una teglia.

Nella padella dove avete rosolato il coniglio aggiungete 4 cucchiai di olio, pinoli, alloro, timo e rosmarino e fate soffriggere per 5 minuti. Aggiungete il coniglio messo da parte, il cuore, i reni e il fegato. Sfumate con ½ bicchiere di vino bianco.

Dopo 5 minuti aggiungete le olive, versate 1 mestolo di brodo di coniglio e lasciate cuocere a fuoco dolce per almeno 1 ora. Di tanto in tanto, aggiungete ancora brodo in modo che al termine della cottura il sugo sia vellutato e abbondante.

Vino - Wine
Rossese Riviera Ligure di
Ponente DOC

Perhaps one of the most famous and characteristic dishes from the Ligurian interior, particularly the West Riviera. The delicate white meat of rabbit is enhanced with pine nuts, abundant aromatic herbs, the essential Taggiasca olives and either red or white wine, depending on the family's recipe.

Ingredients
Serves 4
- 1 kg (2.2 lb) rabbit cut into pieces (head and ribs included)
- 3 tablespoons of pine nuts
- 50 g (1.7 oz) of taggiasca olives, pitted
- ½ carrot
- 1 celery stalk
- ½ small white onion
- 100 ml (3.4 fl oz) of white wine (a small glass)
- 7 tablespoons extra-virgin olive oil
- 2 bay leaves
- 2 sprigs of rosemary
- 1 sprig of thyme
- Salt

Procedure
Prepare a broth using the ribs and head of the rabbit: simmer for 30 minutes with two cups of water, the carrot, onion, celery, one bay leaf and a teaspoon of salt.

Brown the meat in 3 tablespoons of extra virgin olive oil (excluding the heart, kidneys and liver) turning so that it is golden all over, then pour over ½ glass of white wine. Let the alcohol evaporate another 5 minutes and then move the rabbit to a plate.

In the same pan, add 4 tablespoons of extra virgin olive oil, the pine nuts, bay leaves, thyme and rosemary and sauté for 5 minutes. Return the rabbit to the pan, with chopped heart, kidneys and liver. Stir in the remaining ½ glass of white wine.

After 5 minutes, add the olives, pour on a ladle of rabbit broth and cook over low heat for at least 1 hour. Add broth from time to time so that the meat is accompanied with plenty of velvety sauce.

Parco naturale dell' Antola, Genova

154 Tomaxelle
Stuffed veal rolls

● ● ○

Le tomaxelle (o "tomaselle") sono involtini di carne ripieni di carne, formaggio ed erbe aromatiche. Nascono come piatto umile, un modo per riutilizzare avanzi di bollito o di arrosto. Col tempo, però, hanno trovato posto anche sulle tavole delle feste e su quelle dei ristoranti.

Ingredienti
Dosi per 4 persone
- 100 g di magro di vitello
- 10 g di punta di petto
- 8 fettine di vitello molto sottili e ben battute
- 2 bicchieri di brodo di carne
- 1 uovo
- 40 g di mollica (circa 1 panino)
- 30 g di funghi secchi
- 2 cucchiai di pinoli
- 50 g di burro
- 3 cucchiai di Parmigiano grattugiato
- 1 cucchiaio di conserva di pomodoro oppure 3 cucchiai di sugo di pomodoro
- ½ bicchiere di vino bianco
- 2 cucchiai di olio EVO
- 1 spicchio d'aglio
- 1 cucchiaio di maggiorana
- 1 ciuffo di prezzemolo
- 1 pizzico di noce moscata
- Sale q.b.
- Pepe q.b.
- Stuzzicadenti o filo da cucina per chiudere gli involtini

Procedimento
Tagliate a pezzetti la punta di petto e il magro di vitello e fateli rosolare in padella con due cucchiai d'olio extravergine d'oliva e uno spicchio d'aglio fino a quando non saranno ben dorati.

Inzuppate la mollica di pane in 1 bicchiere di brodo di carne. Nel frattempo, mettete i funghi secchi a bagno in una ciotola d'acqua tiepida.

Levate la carne dal fuoco e tritatela finemente. Versatela in una ciotola capiente e unite la mollica di pane ben strizzata dal brodo, i pinoli e i funghi secchi ammollati nell'acqua scolati, strizzati e tritati finemente. Amalgamate il tutto, unite l'uovo, il Parmigiano grattugiato, le erbe aromatiche e la noce moscata, mescolando bene fino ad ottenere un composto omogeneo. Regolate di sale e pepe.

Stendete uniformemente il ripieno su ciascuna delle fettine di vitello, piegate i bordi lunghi leggermente verso l'interno, arrotolatele e chiudetele con gli stuzzicadenti o con filo bianco da cucina in modo da non far uscire il ripieno.

Rosolate le tomaxelle nel burro girandole di tanto in tanto; versate quindi il vino bianco e lasciate evaporare. Aggiungete il restante bicchiere di brodo e, volendo, anche un cucchiaio di conserva di pomodoro. Se invece avete a disposizione un sugo di pomodoro già pronto, aggiungete quello al posto del brodo e della conserva.

Fate cuocere a fuoco lento per 20 minuti e, se necessario, aggiungete un paio di cucchiai d'acqua calda per mantenere il sugo liquido.

Servite le tomaxelle calde insieme al loro sugo.

Vino - Wine
Ormeasco di Pornassio
Sciac-tra DOC

Tomaxelle (or "tomaselle") are meat rolls stuffed with meat, cheese and aromatic herbs. They are a dish of humble origins, to use up leftovers of boiled or roast meat, but over time they evolved to be worthy of festival days and restaurant tables.

Ingredients
Serves 4
- 100 g (3.5 oz) of lean veal
- 10 g (0.3) of brisket
- 8 very thin and well beaten veal slices
- 1 cup of meat broth
- 1 egg
- 40 g (1.4 oz) of soft white breadcrumbs
- 30 g of dried mushrooms
- 2 tablespoons of pine nuts
- 50 g (1.7 oz) of butter
- 3 tablespoons of grated Parmesan cheese
- 1 tablespoon of tomato paste or 3-4 tablespoons of tomato sauce
- ½ glass of white wine
- 2 tablespoons of extra virgin olive oil
- 1 clove of garlic
- 1 teaspoon of fresh marjoram leaves, minced
- 1 teaspoon of fresh flat parsley leaves, minced
- 1 pinch of nutmeg
- Salt
- Pepper
- Toothpick or kitchen twine to seal the rolls

Procedure
Cut the brisket and the lean veal into chunks and brown in a pan with 2 tablespoons of extra virgin olive oil and the garlic until browned on all sides (be ready to remove the garlic if it starts to burn, or it will leave a bitter taste).

Soak the breadcrumbs in ½ cup of meat stock and put the dried mushrooms to soak in a small bowl of warm water.

Remove the meat from the heat and chop it fine. Place in a large bowl, add the soaked bread crumbs (after you squeeze them dry) with the pine nuts and chopped rehydrated mushrooms. Mix everything together, add the egg, grated Parmesan cheese, aromatic herbs and nutmeg to taste, stirring well to obtain a homogeneous mixture. Season with salt and pepper.

Spread the filling uniformly on each of the slices of meat, bend the sides longwise inside, roll them up and close them with toothpicks or kitchen twine to keep the filling inside.

Put a skillet on medium heat, heat the butter to foaming and brown the rolls, turning them from time to time, then pour in the white wine and let it evaporate. Add the remaining ½ cup of broth and, if desired, a tablespoon of tomato sauce.

Cook over a low heat for 20 minutes, adding a few tablespoons of hot water to prevent it drying out if necessary. Serve hot.

157

Agnello con carciofi
Lamb with artichokes

● ○ ○

In Liguria, l'agnello con i carciofi è un un piatto tradizionale del giorno di Pasqua. È una ricetta molto semplice, gli ingredienti sono pochissimi perché l'abbinamento carciofo/agnello è così vincente che richiede poco e nulla di contorno.

In Liguria, lamb with artichokes is a traditional dish for Easter Day. It's a simple recipe, the ingredients very few because the artichoke/lamb combination is so successful that it requires little or nothing in the way of side dishes.

Ingredienti
Dosi per 4 persone
- **700 g di agnello disossato a pezzetti**
- **4 carciofi freschi**
- **3 spicchi di aglio**
- **1 bicchiere di vino bianco**
- **1 cucchiaio di farina**
- **4 cucchiai di olio EVO**
- **2 rametti di rosmarino**
- **Sale q.b.**
- **Pepe q.b.**

Ingredients
Serves 4
- 700 g (1.5 lb) boneless lamb, cut in pieces
- 4 fresh artichokes
- 3 cloves of garlic
- ½ cup of white wine
- 1 tablespoon of flour
- 4 tablespoons extra virgin olive oil
- 2 sprigs of rosemary
- Salt
- Pepper

Procedimento
Mettete sul fuoco una pentola d'acqua leggermente salata.

In una padella scaldate quattro cucchiai di olio, poi aggiungete gli spicchi d'aglio, il rosmarino e i pezzi di agnello. Pepate e rosolate a fuoco vivo per dieci minuti, girando di tanto in tanto i pezzi di agnello.

Nel frattempo pulite i carciofi dalle foglie esterne più dure, tagliateli in quarti, togliete la barba interna e lasciateli a bagno in una ciotola d'acqua con un cucchiaio di farina per evitare che si ossidino.

Quando l'agnello sarà ben rosolato, sfumate con il vino bianco. Quando l'alcol sarà evaporato, aggiungete un mestolo di acqua calda, coprite la padella e fate sobbollire per 20 minuti. Aggiungete altra acqua calda se vedete che la carne tende ad asciugarsi.

Aggiungete i carciofi tagliati in quarti e cuocete per altri 15 minuti, aggiungendo un po' d'acqua calda se necessario. Aggiustate di sale e pepe. Servite caldo.

Procedure
Put a small pot of lightly salted water on the heat.

In a skillet, heat four tablespoons of oil, add the cloves of garlic, rosemary and lamb.

Add a grind of pepper and brown the meat over high heat for ten minutes, turning the lamb from time to time.

Meanwhile strip artichokes of their hard outer leaves, cut into quarters, removing the hairy inner beard or choke and soak in a bowl of water with a spoonful of flour to prevent oxidizing.

When the lamb is well colored, pour in the white wine. Once evaporated, add a ladle of hot water, cover and simmer for 20 minutes. Add more hot water if you see it drying out.

Add the artichokes in quarters and cook for another 15 minutes, adding a little hot water if necessary. Season to taste with salt and pepper. Serve hot.

Vino - Wine
Granaccia Riviera Ligure di Ponente DOC

158

Trippe in umido
Stewed tripe

● ● ○

Ingredienti
Dosi per 4 persone
- **700 g di trippe varie già pulite**
- **500 ml di brodo di carne**
- **4 patate medie**
- **30 g di pinoli**
- **1 carota**
- **1 costa di sedano**
- **1 cipolla media**
- **2 cucchiai di concentrato di pomodoro**
- **120 ml di vino bianco secco**
- **4 cucchiai di olio EVO**
- **2 cucchiai di prezzemolo fresco tritato**
- **Sale e pepe bianco q.b.**
- **Parmigiano grattugiato per condire**

Ingredients
Serves 4
- 700 g (1.5 lb) of tripe of different varieties already cleaned
- 500 ml (2 cups) of meat broth
- 4 medium potatoes
- 30 g (1 oz) of pine nuts
- 1 carrot
- 1 stalk of celery
- 1 medium onion
- 2 tablespoons of tomato paste
- 120 ml (½ cup) of dry white wine
- 4 tablespoons of extra virgin olive oil
- 2 tablespoons of fresh parsley, finely chopped
- Salt and white pepper
- Grated Parmesan cheese to taste

Procedimento
Pulite e tritate finemente sedano, cipolla, carota e prezzemolo. Mettete il trito di verdure in un'ampia casseruola e fatelo soffriggere in 4 cucchiai di olio extravergine di oliva per 2 minuti. Aggiungete le trippe e fate soffriggere a fiamma vivace per 15 minuti o fino a quando le trippe non avranno perso tutta la loro acqua e si saranno ben dorate e leggermente abbrustolite.

Nel frattempo pelate le patate e tagliatele a pezzi grossi. Versate quindi il vino bianco e lasciate evaporare l'alcol. Aggiungete il brodo, le patate e il concentrato di pomodoro stemperato in poca acqua, fino a coprire le trippe.

Fate cuocere per circa 30 minuti a fuoco lento. Se durante la cottura le trippe si asciugano troppo, aggiungete poca acqua. A cottura ultimata, regolate di sale e pepe. Servite calde con una spolverata di Parmigiano grattugiato.

Procedure
Clean and finely chop celery, onion, carrot and parsley.

Put the chopped vegetables in a large saucepan and sauté in 4 tablespoons of extra virgin olive oil for 2 minutes. Add the tripe and sauté over high heat for 15 min until they've given up their water and are golden/lightly browned.

Meanwhile, peel the potatoes and cut them into large pieces. Pour the white wine in the pan and let the alcohol evaporate. Add the tomato paste, diluted in a little water, and the meat broth to cover the tripe.

Cook for about 30 minutes over low heat. If during cooking, the tripe gets too dry add a little water. When cooked, season to taste with salt and pepper. Serve hot with a sprinkle of Parmesan cheese to taste.

Vino - Wine
Ciliegiolo Golfo del Tigullio Portofino DOC

161

Pesce - *Fish*

162 Cappon magro

● ● ●

Nato come piatto povero, negli anni il cappon magro è diventato la più festosa e sontuosa preparazione della cucina ligure. Una maestosa cupola fatta di strati alternati di pesce e verdure conditi con una salsa verde, circondata da molluschi e crostacei e riccamente decorata. Un esercizio più architettonico che culinario. Tutte le ricette tradizionali concordano sulla necessità di alcuni ingredienti: le gallette del marinaio come base, un bel pesce fresco, verdure miste, la salsa verde al prezzemolo e qualche crostaceo per decorare. Massima libertà invece sul tipo di pesce, verdure, ordine degli strati e ovviamente decorazione! La ricetta non è difficile ma richiede tempo, quindi è meglio programmarla in anticipo!

Ingredienti
Dosi per 8 persone
Per la salsa verde
- 40 g di mollica di pane
- 2 uova sode, i tuorli
- 70 g di foglie piccole di prezzemolo (circa 2 mazzi puliti)
- 40 g di lattuga (il cuore)
- 40 g di capperi dissalati
- 40 g di pinoli
- 4 acciughe salate, pulite e sfilettate
- 8 olive verdi denocciolate
- 10 cucchiai di olio EVO
- 3 cucchiai d'aceto (più quello necessario per bagnare il pane)
- 1 spicchio d'aglio
- 1 pizzico di sale

Per l'insalata
- 1 kg di pesce da bollire tipo gallinella, nasello, orata o spigola, pulito ed eviscerato
- 12 gamberi
- 150 g di fagiolini
- 2 patate medie
- 4 carciofi
- 3 carote
- 1 broccolo
- 1 barbabietola rossa già cotta
- 5 gallette del marinaio o freselle

Per decorare
- 1 aragosta o astice o gamberone
- 5 scampi
- 20 cozze
- 4 uova sode
- 20 olive verdi

Procedimento
Per la salsa verde
Bagnate la mollica di pane con aceto.

Lavate ed asciugate bene le foglie di prezzemolo e di lattuga.

Inserite nel boccale del frullatore a immersione la mollica di pane ben strizzata, 4 cucchiai d'olio, 1 cucchiaio d'aceto, i pinoli, metà foglie di prezzemolo e lattuga e lo spicchio d'aglio. Frullate fino ad ottenere una crema. Aggiungete quindi le restanti foglie di prezzemolo e lattuga, i tuorli d'uovo, i capperi, i filetti di acciughe, le olive e altri 4 cucchiai d'olio. Frullate nuovamente, non è necessario che la crema sia molto omogenea. Terminate con un cucchiaio d'aceto e i restanti 2 cucchiai d'olio, mescolate e regolate di sale.

Per l'insalata
Bagnate le gallette del marinaio (o le freselle) con acqua e aceto in parti uguali, aggiungete un pizzico di sale e lasciate ammorbidire. Le gallette del marinaio necessitano di almeno un paio d'ore e più liquido rispetto alle freselle. Tagliate la barbabietola cotta a dadini.

Vino - Wine
Lumassina Colline
Savonesi IGT

Pulite le verdure, bollitele al dente separatamente, tagliatele a piccoli pezzi e conditele con olio, aceto e sale tenendole sempre tutte separate tra loro. Ricordatevi di tenere una carota bollita intera (servirà per decorazione).

Bollite il pesce in una pentola con abbondante acqua, quindi raccogliete la polpa a pezzetti e conditela con olio, sale e limone. Bollite i gamberetti, sgusciateli, tagliateli a pezzetti e conditeli con olio, sale e limone. Saltate gli scambi in padella. Bollite l'aragosta (o l'astice o un gamberone).

Cuocete le cozze in padella con un coperchio.Quando si saranno aperte, rimuovete la metà del guscio che non contiene il mollusco. Se usate le ostriche, apritele giusto prima di portare il piatto in tavola. Scampi, aragosta (o gamberoni), cozze e/o ostriche serviranno da decorazione.

Composizione del piatto

Prendete una ciotola rotonda di circa 20 cm di diametro e profonda.

Rivestite l'interno di pellicola trasparente, facendo in modo che i lembi fuoriescano.

Disponete all'interno della ciotola strati alternati di pesce e verdure a vostro piacimento (vi suggerisco di partire dalle patate a rondelle), spalmando tra uno strato e l'altro un sottile velo di salsa verde. Terminate gli strati con le gallette del marinaio.

Ripiegate i lembi della pellicola trasparente sullo strato di gallette del marinaio e lasciate riposare in frigo per circa 2 ore.

Per la decorazione

Aprite i lembi della pellicola trasparente, ponete sopra la ciotola il piatto di portata e capovolgete con un movimento veloce. Fate scendere l'insalata, rimuovete la ciotola e la pellicola. Ora la vostra cupola è pronta per essere decorata!

Alcune ricette prevedono che tutta l'insalata venga ricoperta di salsa verde e poi decorata. A me piace vedere gli strati, per cui servo la salsa verde a parte.

Per decorare non ci sono regole: si può dare spazio alla fantasia utilizzando cozze, uova sode tagliate in quarti, olive verdi, rondelle di carota bollita, scampi e crostacei.

Potete conservare il cappon magro in frigo per un giorno.

Servite a temperatura ambiente.

Val di Vara, La Spezia

166 Cappon magro

Cappon magro is such a curious recipe! Originally a poor dish, consisting mostly of leftovers and fish of little importance, it has evolved to become the most festive and sumptuous preparation of Liguria's cuisine, if not of all Italy! A majestic dome composed of alternate layers of various fish and vegetables, dressed with a bright green salsa verde sauce is surrounded by shellfish and surmounted by large and showy crustaceans, richly decorated with eggs, olives, capers and vegetables: it's an architectural exercise as much as a culinary one! All the traditional recipe texts agree on certain essential ingredients: the hard crackers traditionally eaten by sailors and called "gallette del marinaio" as the base, good fresh fish, different vegetables, the green sauce and shellfish. But they all leave great freedom of interpretation both in the choice of fish and vegetables, the order with which the layers should be prepared, and especially in the final decoration. The preparation of this recipe takes time, so it's essential to think ahead and plan it well in advance!

Ingredients
Serves 8
For the green sauce
- 40 g (1.4 oz) of soft white bread crumbs
- 2 hard-boiled eggs, the yolks
- 70 g (2.3 oz) of small leaves of parsley
- 40 g (1.4 oz) of lettuce (the tender heart)
- 40 g (1.4 oz) of capers, rinsed of salt
- 40 g (4 tablespoons) of pine nuts
- 4 fillets of salted anchovy
- 8 green olives, stone removed
- 10 tablespoons of extra virgin olive oil
- 3 tablespoons of vinegar (and one more to wet the bread)
- 1 clove of garlic
- 1 pinch of salt

For the salad
- 1 kg of white fish to boil like hake, cod, sea bream or bass
- 12 shrimps (prawns)
- 150 g (5.3 oz) of green beans
- 2 medium potatoes
- 4 artichokes
- 3 carrots
- 1 broccoli
- 1 cooked red beetroot
- 5 sailor's crackers (or slices of dry bruschetta bread)

To decorate
- 1 lobster or a giant prawn
- 5 scampi (langoustine)
- 20 mussels or oysters
- 4 hard-boiled eggs
- 20 green olives

Procedure
For the green sauce
First, the "salsa verde", or green sauce. Because it contains vinegar, you can prepare it ain advance of assembling the dish; it will keep in the fridge for a couple of days. Wet the breadcrumbs with some of the vinegar and squeeze out any excess. Wash and dry the parsley leaves and the lettuce.

Place the breadcrumbs in the bowl of the immersion blender with 4 tablespoons of oil, a tablespoon of vinegar, the pine nuts, half the parsley and the garlic clove. Blend to a cream. Now add the remaining parsley leaves, sliced lettuce leaves, egg yolks, capers, anchovy fillets, green olives and another 4 tablespoons of oil. Blend again until you obtain a cream (but it's OK to keep some texture in the sauce; it doesn't need to be completely smooth). Finally, mix in a final tablespoon of vinegar, the remaining 2 tablespoons of olive oil and salt.

For the salad
Moisten the hard crackers (or the dry bread slices) with water and vinegar in equal parts,

add a pinch of salt and let them rehydrate while pressed between two plates.

Clean the carrots, cut two of them into quarters along their length and leave one whole for the decoration. Clean the broccoli and divide into florets. Wash and trim the green beans. Peel the potatoes, leaving them whole. Clean the artichokes, divide into quarters, then reduce them to slices before putting them to soak in water with lemon juice.

Boil all the vegetables separately until they are al dente and plunge into cold iced water to stop them cooking further and to keep their bright color.

When they are all ready, cut them into small pieces (cubes, slices or short batons) and leave them in a cool place after you've seasoned them all separately with oil, vinegar and salt. Thinly slice the remaining whole carrot and set aside for the final decoration.

Boil the cleaned, prepared fish whole in a suitable pot, then remove the flesh from skin and bone and divide into pieces. Season with oil, salt and lemon and set aside.

Boil and shell the shrimps. Cut them into small pieces, season with oil, salt and lemon and put them aside as well. Sauté the scampi in a pan and put them aside whole, they will serve as decoration. Boil the lobster or the giant prawn (I used an Argentinian king prawn) and put it aside; it too will be decoration.

Cook the mussels in a covered pan for 5-10 minutes. When the shellfish have opened, remove and discard the empty half of each mussel shell that doesn't contain the meat. The mussels on the shell will also serve as decoration.

If you use oysters instead of mussels, open them at the very last minute just before bringing the plate to the table.

For assembling the dish

Take a deep round bowl (about 20 cm in diameter). Cover it inside with cling film, making sure that you have plenty of overlap.

Layer the various ingredients carefully inside the bowl, spreading a thin layer of green sauce between each layer and alternating seafood and vegetables. Every time you add a layer, make it even and level, and press it down well. You can be as creative as you like when ordering the ingredients. I started with slices of potatoes (because they'd make a smooth compact dome on top when the bowl is inverted), and I put the red beetroot in the middle because it's very flashy.

The final layer should be your crackers or bread. Fold the edges of the cling film over this last cracker or bread layer and let it rest in the fridge for a couple of hours.

For the decoration and presentation

Take the bowl containing the salad out of the fridge. Open out the edges of the cling film and place the serving dish on which you will present the cappon magro over the bowl. Turn the serving plate and bowl upside down quickly and smoothly together as one. With a gentle pull on the overhanging cling film, a magical tap with your favourite serving spoon, carefully remove the bowl in the same way you would reveal a sandcastle at the beach.

On the serving dish you should now have a brightly colored layered hemisphere ready for decoration!

Some recipes require the whole salad to be covered with salsa verde and then decorated. I prefer to see the layers, so I leave them clearly visible and I serve the extra green sauce separately.

For decorating, there are no rules, you can give free rein to your imagination using mussels, hard-boiled eggs cut into quarters, green olives, boiled carrot slices and the showy crustaceans. Keep your cappon magro in the fridge (it will keep for at least a day) and take it out a couple of hours before presentation at the table, so as to serve at room temperature.

168 *Capponada*

● ○ ○

Alcuni ritengono che il nome ligure "capponada" derivi dal termine "caupona", che significa "taverna". Per altri, invece, sarebbe l'abbreviazione di "capun de galera", una versione povera del nobile cappon magro (vedi pag. 162), destinata ai pasti quotidiani a bordo delle imbarcazioni a vela (le galere, appunto). Questa ricetta nasce proprio per venire incontro alle esigenze dei marinai che dovevano affrontare lunghi viaggi senza poter scendere a terra per molti giorni, e che avevano a bordo solo pochi ingredienti facili da conservare. I pomodori e il basilico si sono aggiunti dopo, quando l'insalata è "sbarcata" a terra.

Ingredienti
Dosi per 4 persone
- 100 g di mosciame di tonno tagliato a fettine sottili (o 200 g di tonno in scatola sgocciolato)
- 4 acciughe salate, pulite e deliscate
- 4 gallette del marinaio (o 4 freselle)
- 2 cucchiai di capperi salati ben sciacquati
- 2 cucchiai di olive taggiasche denocciolate
- 3 pomodori maturi o 10-12 pomodorini Piccadilly
- 1 cucchiaio di aceto di vino
- 4 cucchiai di olio EVO
- 10 foglie di basilico
- Sale q.b.

Procedimento
Spezzate con le mani le gallette del marinaio (o le freselle) e adagiatele alla base del piatto di portata. Irroratele con 4 cucchiai d'acqua e 1 cucchiaio abbondante di aceto e aggiungete pochissimo sale.

Tagliate i pomodori a fettine e adagiateli sulle gallette. Aggiungete nuovamente pochissimo sale, in modo che i pomodori rilascino la propria acqua sopra le gallette.

Aggiungete quindi il mosciame di tonno a fette sottili (o il tonno a pezzetti), le acciughe salate a pezzetti, le olive e i capperi. Condite con l'olio extravergine d'oliva e infine decorate con le foglie di basilico.

Lasciate riposare l'insalata a temperatura ambiente per almeno un'ora prima di servire, meglio se con un piatto sopra che eserciti una leggera pressione, così che i gusti si amalgamino e le gallette di impregnino del succo di pomodoro.

Mescolate con delicatezza e regolate a piacere con sale e aceto prima di servire.

Vino - Wine
Vermentino Colline di Levanto DOC

Some believe that the Ligurian name "capponada" comes from the term "caupona", meaning "taverna". Other say it's an abbreviation of "capun de galera", a humble sailor's version of cappon magro (see page 166), a regular meal aboard ship. This recipe was actually born to meet the needs of the sailors who faced long sea voyages without touching land for days and who had only a few ingredients aboard and little space to store them. Tomatoes and basil were only added when the salad "landed" ashore.

Ingredients
Serves 4
- 100 g (3.5 oz) of tuna mosciame (dried tuna fillet) sliced thinly (or 200 g of good quality canned tuna)
- 4 fillets of salted anchovies
- 4 sailor's crackers (or 4 slices of toasted bruschetta bread)
- 2 tablespoons of salted capers, well rinsed
- 2 tablespoons of pitted olives (preferably Taggiasca olives)
- 3 ripe tomatoes or 10-12 cherry tomatoes
- 1 tablespoon of wine vinegar
- 4 tablespoons of extra virgin olive oil
- 10 leaves of basil
- Salt

Procedure
Break the Sailor's Crackers into pieces by hand (or cut the bruschetta bread in cubes) and lay at the base of the serving plate. Sprinkle with 4 tablespoons of water and 1 tablespoon of wine vinegar and just a little salt.

Cut the tomatoes into slices and place on the bread. Add another meagre sprinkle of salt again to encourage the tomatoes to release their juice over the dry bread.

Then layer the mosciame in thin slices (or the tuna in pieces), the anchovy, olives and capers. Season with extra virgin olive oil and finally decorate with basil leaves.

Let the salad rest at room temperature for at least an hour before serving, preferably with a plate exerting a slight pressure on top. Stir gently before serving and adjust to taste with salt and vinegar if you like.

171

Seppie in zemino
Cuttlefish with chard

● ○ ○

Ingredienti
Dosi per 4 persone
- 500 g di seppie già pulite
- 200 g di bietole già pulite (circa 1 mazzetto)
- 2 coste di sedano
- ½ cipolla bianca piccola
- 1 cucchiaio di concentrato di pomodoro
- 3 cucchiai di olio EVO
- ½ mazzetto di prezzemolo
- Sale q.b.
- Pepe q.b.

Ingredients
Serves 4
- 500 g (1 lb) of cuttlefish, already cleaned
- 200 g (7 oz) of chard, already cleaned (ab 1 bunch)
- 2 stalks of celery
- ½ small white onion
- 1 tablespoon of tomato paste
- 3 tablespoons of extra virgin olive oil
- ½ bunch of parsley (a handful)
- Salt
- Pepper

Procedimento
Tritate la cipolla, il sedano e il prezzemolo. Tenete da parte qualche foglia di prezzemolo per guarnire il piatto. Versate tre cucchiai d'olio extravergine d'oliva in una padella capiente e fate soffriggere le verdure per 3-4 minuti, fino a quando non saranno leggermente dorate. Tagliate a listarelle le bietole e aggiungetele al soffritto. Coprite con un coperchio e lasciate cuocere a fuoco lento per 10 minuti.

Tagliate a striscioline le seppie precedentemente pulite. Mettete sul fuoco un pentolino con un po' d'acqua: vi servirà per bagnare le seppie più avanti. Non appena le bietole saranno appassite, aggiungete le seppie, regolate di sale e pepe e lasciate cuocere per altri 10 minuti, sempre con il coperchio e a fuoco lento.

Sciogliete quindi un cucchiaio di conserva di pomodoro in un mestolo di acqua calda e versatelo sulle seppie, mescolando bene.

Lasciate cuocere ancora per circa 30 minuti. Guarnite le seppie con prezzemolo tritato, pepe e un filo d'olio extravergine d'oliva a crudo e servitele ben calde.

Procedure
Chop the onion, celery and parsley finely (reserve some leaves for garnish).

Pour three tablespoons of extra virgin olive oil into a large saucepan and fry the vegetables for 3-4 minutes until they are lightly golden. Slice the chard into strips and add it to the pan. Cover with a lid and let it cook gently for 10 minutes.

Cut the cuttlefish into strips. As soon as the chard is tender, add the cuttlefish to the pan with salt and pepper and leave to cook for another 10 minutes: keep the lid on and the heat low.

Melt a tablespoon of tomato paste with ½ cup of hot water and pour onto the cuttlefish, stirring well.

Leave it to cook again for about 30 minutes, adding a splash of hot water now and again if it seems dry. Serve the cuttlefish hot, garnished with chopped parsley, pepper and a drizzle of extra virgin olive oil.

Vino - Wine
Ormerasco di Pornassio
Sciac-tra DOC

172 Stoccafisso accomodato
Stewed stockfish

● ○ ○

Nonostante sia prodotto in Norvegia, in Liguria lo stoccafisso figura nell'elenco dei prodotti agroalimentari tradizionali per il suo storico e vasto utilizzo nella nostra cucina. Importato grazie ai commerci con i portoghesi a partire dal 1600, lo stoccafisso ha avuto grande fortuna in Liguria perché, potendo essere conservato a lungo, veniva stivato a bordo delle navi: da un lato serviva a sfamare i marinai durante lunghi tragitti in mare aperto, dall'altro veniva commerciato nel Mediterraneo. Inoltre, anche grazie al suo costo contenuto, divenne molto popolare tra le famiglie cattoliche meno abbienti alle quali la Chiesa vietava il consumo di prodotti animali (ad esclusione del pesce) nei "giorni di magro".

Ingredienti
Dosi per 4 persone
- 700 g di stoccafisso già bagnato
- 4 acciughe salate, pulite
- 5 patate
- 5 pomodori perini maturi
- 1 cipolla bianca piccola
- 2 cucchiai di pinoli
- 2 cucchiai di olive taggiasche, denocciolate
- 1 cucchiaio di capperi sotto sale, già abbondantemente sciacquati (opzionale)
- 1 cucchiaio di concentrato di pomodoro
- 4 cucchiai di olio EVO
- 1 spicchio d'aglio
- 1 mazzetto piccolo di prezzemolo
- Sale q.b.
- Pepe q.b.

Procedimento
Immergete lo stoccafisso in acqua bollente e cuocetelo per 5 minuti. Scolatelo, togliete la pelle e le lische e mettetelo da parte.

Pelate le patate, tagliatele in pezzi grossi e lasciatele a bagno in acqua e sale. Tagliate i pomodori a dadini. Preparate un battuto con mezzo mazzetto di prezzemolo, aglio e cipolla.

In una casseruola dai bordi alti, fate rosolare il battuto di verdure in 4 cucchiai di olio extravergine d'oliva insieme alle acciughe salate, che si scioglieranno nell'olio durante la cottura.

Aggiungete lo stoccafisso tagliato in pezzi, i pinoli e, a discrezione, i capperi. Lasciate rosolare a fiamma viva per circa 2 minuti. Aggiungete quindi i pomodori e un cucchiaio di concentrato di pomodoro sciolto in un mestolo d'acqua tiepida.

Fate cuocere a fuoco basso per 20 minuti, facendo attenzione a che lo stoccafisso non asciughi. Nel caso, aggiungete acqua calda.

Aggiungete quindi le patate e lasciate cuocere con il coperchio a fuoco moderato per 15 minuti o fino a quando le patate non saranno tenere. Aggiustate di sale. A cottura ultimata, spolverate con prezzemolo fresco tritato prima di servire.

Vino - Wine
Rossese Riviera Ligure di Ponente DOC

Despite being produced in Norway, stockfish is a traditional food of Liguria thanks to its long and extensive historical use in the region's cuisine. First imported by trade with the Portuguese sometime around the 1600s, stockfish became popular in Liguria for its long shelf life. Stowed aboard ship, it could feed the mariners on long voyages, but it was a valuable commodity in its own right on the further shores of the Mediterranean. Thanks to its low cost, it became very popular among the poorest Catholic families to whom the Church prohibited the consumption of animal products during "fast days" when fish was still allowed.

Ingredients
Serves 4
- 700 g (1.5 lb) of pre-soaked stockfish
- 4 salted anchovy fillets
- 5 potatoes
- 5 ripe perini tomatoes
- 1 small white onion
- 2 tablespoons of pine nuts
- 2 tablespoons of Taggiasca olives, pitted
- 1 tablespoon of capers in salt, well rinsed (optional)
- 1 tablespoon of tomato paste
- 4 tablespoons of extravirgin olive oil
- 1 clove of garlic
- 1 small bunch of parsley
- Salt
- Pepper

Procedure
Simmer the stockfish in boiling water for a few minutes, then drain and remove skin and bones.

Peel the potatoes, cut them into large pieces and leave them to soak in salted water.
Dice the tomatoes.
Chop half the parsley, the garlic and onion together.

In a deep saucepan, sauté the chopped vegetables in 4 tablespoons of extra virgin olive oil together with the anchovies (which will melt away into the oil during the cooking).

Add the stockfish in pieces, the pine nuts, and at your discretion, some capers. Let it brown over high heat for a couple of minutes. Add the tomatoes, the olives and a tablespoon of tomato paste diluted in a ladle of warm water. Cook over low heat for 20 minutes, making sure that the stockfish does not dry out. If necessary, add a little hot water.

Finally add the potatoes and cook, under the lid, over a moderate heat for 15 minutes or until the potatoes are tender. Taste and adjust with salt and pepper. Sprinkle with extra chopped fresh parsley before serving.

175

Muscoli alla marinara
Marinara mussels

Questo è un piatto semplicissimo che in Liguria compare spesso come antipasto o primo piatto leggero sulle tavole estive, nei menù dei ristoranti e degli stabilimenti balneari. Contiene pochi ingredienti e tanto sapore di mare.

A simple dish that often appears on summer tables in Liguria as an appetizer or as a light main dish on the menu in restaurants and beach resorts. Few ingredients and lots of sea flavor!

Ingredienti
Dosi per 4 persone
- 2 kg di muscoli
- 3 pomodori perini maturi o 10 pomodori ciliegini
- 120 ml di vino bianco secco
- 2 spicchi d'aglio
- 1 peperoncino
- 4 cucchiai di olio EVO
- 3 cucchiai di prezzemolo tritato

Ingredients
Serves 4
- 2 kg (4.5 lb) of mussels
- 3 ripe tomatoes or 10 cherry tomatoes
- 120 ml (½ cup) of dry white wine
- 2 cloves of garlic
- 1 chili pepper
- 4 tablespoons of extra virgin olive oil
- 3 tablespoons of fresh parsley, chopped

Procedimento
Pulite i muscoli lavandoli accuratamente sotto acqua corrente, raschiando bene il guscio ed eliminando la "barba" interna.

Tritate l'aglio e tagliate i pomodori a dadini molto piccoli.

In una pentola alta e capiente, versate l'olio e fate soffriggere l'aglio e il peperoncino per circa 2 minuti. Aggiungete i pomodori e continuate a cuocere per 3 minuti.

Versate quindi i muscoli nella pentola. Nel momento in cui cominciano ad aprirsi aggiungete il prezzemolo e bagnate con il vino bianco. Fate evaporare l'alcool, quindi coprite la pentola con il coperchio e lasciate cuocere ancora per circa 2 minuti, il tempo sufficiente per far aprire tutti i muscoli.

Serviteli in un grande piatto di portata con il loro sughetto e una spolverata di prezzemolo fresco.

Procedure
Clean the mussels by washing them thoroughly under running water, scraping the shell well and removing the internal "beard".

Chop the garlic and cut the tomatoes into very small cubes.

In a deep saucepan, pour the oil and sauté garlic and chili pepper for 2 minutes. Add tomatoes and continue to cook for 3 minutes more.

Then tip the mussels in genlty. When they begin to open, add parsley and pour over the white wine. Let the alcohol evaporate then cover the pot with the lid and cook for 2 minutes, long enough to open all the mussels.

Serve in a large serving dish with their sauce and a sprinkle of fresh parsley.

Vino - Wine
Bianco Golfo del Tigullio
Portofino DOC

176

Muscoli ripieni alla spezzina
Stuffed mussels

I muscoli ripieni alla spezzina sono uno dei piatti tipici dell'estremo Levante ligure, in particolare di tutto il territorio intorno a La Spezia. Questa zona è infatti conosciuta da secoli per l'allevamento di mitili, specialmente nelle acque del golfo di Lerici e di Portovenere. Si trovano nei menù di tutti i ristoranti tipici della zona e c'è ancora chi li prepara in casa con pazienza, dedizione e grande soddisfazione.

Ingredienti
Dosi per 4 persone
- **1,5 kg di muscoli grandi**
- **4 filetti di acciuga salati puliti**
- **100 g di mollica di pane**
- **2 uova**
- **2 cucchiai di Parmigiano grattugiato**
- **1 spicchio d'aglio finemente tritato**
- **2 cucchiai di olio EVO**
- **2 cucchiai di prezzemolo tritato**
- **1 cucchiaino di maggiorana tritata**
- **Pepe q.b.**

Per il sugo
- **300 g di pomodorini ciliegini**
- **1 cipolla bianca piccola finemente tritata**
- **1 spicchio d'aglio**
- **70 ml di vino bianco secco**
- **6 cucchiai di olio EVO**
- **2 cucchiai di prezzemolo tritato**

Vino - Wine
Pigato Riviera Ligure di
Ponente DOC

Procedimento

Lavate e pulite i muscoli. Con un coltellino apritene circa un terzo, facendo attenzione a non separare le valve. Raccogliete e filtrate il liquido che ne esce: lo aggiungerete al sugo.

Mettete gli altri muscoli in una padella capiente, coprite col coperchio e fate cuocere a fuoco vivo finché non si aprono (5 minuti circa). Filtrate con una garza il liquido di cottura e fatevi ammollare dentro la mollica di pane. Estraete i muscoli cotti dai gusci e tritateli finemente. Tritate finemente i filetti d'acciuga.

Preparate il ripieno unendo in una terrina la mollica di pane ben strizzata (conservate l'acqua), i muscoli tritati, i filetti d'acciuga tritati, le uova, il Parmigiano, prezzemolo e maggiorana, l'aglio tritato, l'olio e una generosa macinata di pepe. Non aggiungete sale.

Farcite i muscoli interi con il ripieno, facendoli richiudere o legandoli con dello spago da cucina (che toglierete prima di servire).

In una padella larga e capiente, soffriggete la cipolla con l'aglio schiacciato e l'olio per 4 minuti. Aggiungete i pomodorini freschi tagliati in quarti,

il vino bianco e 70 ml di liquido dei muscoli. Rimuovete l'aglio dalla padella, quindi adagiatevi i muscoli ripieni e spolverate con 1 cucchiaio colmo di prezzemolo tritato.

Fate cuocere a fuoco vivace per 5 minuti, coprite col coperchio e fate cuocere per altri 10 minuti, facendo attenzione che il liquido di cottura non si asciughi. Nel caso, aggiungete un po' di acqua calda.
Spolverate i muscoli di prezzemolo fresco tritato e serviteli caldi.

Stuffed mussels are one of the typical dishes of the extreme Ligurian Levant, in particular of the whole territory around La Spezia. Indeed, this area has been known for centuries for the cultivation of mussels, especially in the waters of the Gulf of Lerici and Portovenere. You can find them in the menus of all the typical restaurants in the area and there are still some who prepare them at home with patience, dedication and great satisfaction.

Ingredients
Serves 4
- 1.5 kg (3.3 lb) of large mussels
- 4 anchovy fillets
- 100 g (3.5 oz) of good soft white bread, crust removed
- 2 eggs
- 2 tablespoons of grated Parmesan cheese
- 1 clove of garlic, finely chopped
- 2 tablespoons of extra virgin olive oil
- 2 tablespoons of fresh Italian parsley, finely chopped
- 1 teaspoon of fresh marjoram, finely chopped
- Pepper

For the sauce
- 300 g (10.5 oz) of cherry tomatoes
- 6 tablespoons of extra virgin olive oil
- 1 small white onion (ab. 3 oz), finely chopped
- 1 clove of garlic
- ½ glass (70 ml, 2.4 fl oz) of dry white wine
- 2 tablespoons of fresh Italian parsley, finely chopped (1 to garnish)

Procedure
Wash and clean mussels. With a knife, carefully open about a third of them, being careful not to separate the valves. Collect and filter the juices that will come out (you will add it to the sauce).

Put the other whole mussels in a large pan, cover and cook over high heat until they open (about 5 minutes). Filter the cooking liquor through a cheesecloth and pour over the bread. Remove the cooked mussels from the shells and chop finely. Finely chop the anchovy fillets.

In a large bowl, prepare the filling by combining the bread (squeeze it dry, but save the liquor) chopped mussels, chopped anchovy fillets, eggs, Parmesan cheese, parsley and marjoram, chopped garlic, oil and a generous grind of pepper. Do not add salt.

Fill the opened uncooked whole mussels with the filling and then close them up or tie them with kitchen twine (which you will remove before serving). In a large pan, sautè the onion with the bruised garlic clove in olive oil for 4 minutes, then remove and discard the garlic. Add the fresh tomatoes cut into quarters, white wine and a glass (70 ml, ⅓ cup) of the mussels' cooking liquor. Place the stuffed mussels in the pan and sprinkle with 1 tablespoons of chopped parsley.

Cook over high heat for 5 minutes, then cover and cook for another 10 minutes making sure that the cooking liquid does not dry out. Add hot water if necessary.

Serve warm sprinkled with fresh chopped parsley.

178

Calamari ripieni
Stuffed squid

● ● ○

Ingredienti
Dosi per 6 persone
- 7 calamari
- 2 filetti di acciuga salata
- 80 g di mollica di pane
- 1 uovo
- 2 cucchiai di Parmigiano grattugiato
- 2 cucchiai di olio EVO
- 1 spicchio d'aglio
- 2 cucchiaini di maggiorana tritata
- Sale q.b.
- Pepe q.b.

Per il sugo
- 400 g di pomodori pelati
- 80 ml di vino bianco secco
- 4 cucchiai di olio EVO
- 1 cucchiaio di prezzemolo tritato

Procedimento
Pulite i calamari separando la testa dai tentacoli.

In una padella, fate soffriggere l'aglio nell'olio extravergine d'oliva per un minuto. Aggiungete i tentacoli e una testa di calamaro tagliata a listarelle e fate dorare per 5 minuti. Ritirate dal fuoco, rimuovete l'aglio, scolate il liquido di cottura e tenetelo da parte, quindi tritate finemente i tentacoli e la testa.

Bagnate la mollica con il liquido di cottura dei calamari e, se necessario, aggiungete poca acqua.

In una ciotola, unite la mollica di pane strizzata, il calamaro tritato, il Parmigiano, l'uovo, la maggiorana e i filetti d'acciuga finemente tritati. Mescolate bene e regolate di sale e pepe.

Riempite le teste dei calamari con il ripieno aiutandovi con un cucchiaino, lasciando vuoto circa ⅓ della testa (il ripieno si espanderà in cottura). Sigillate l'estremità aperta con uno stuzzicadenti.

Versate 4 cucchiai d'olio in una padella, adagiatevi i calamari ripieni e fateli soffriggere per 2 minuti, girandoli delicatamente così da dorare tutti i lati.

Tritate grossolanamente i pomodori pelati, conservando l'acqua.

Sfumate i calamari con il vino bianco. Una volta evaporato l'alcool, aggiungete i pelati tritati, la loro acqua e un cucchiaio colmo di prezzemolo tritato.

Fate cuocere a fuoco lento per 20 minuti. Servite i calamari caldi con il loro sugo.

Vino - Wine
Rossese Riviera Ligure di Ponente DOC

Ingredients

Serves 6

- 7 squid (calamari)
- 2 fillets of salted anchovy
- 80 g (3 oz) of breadcrumbs
- 1 egg
- 2 tablespoons of Parmesan cheese
- 2 tablespoons extra virgin olive oil
- 1 clove of garlic
- 2 teaspoons of marjoram, finely chopped
- Salt
- Pepper

For the sauce

- 400 g (14 oz) of canned peeled tomatoes
- 80 ml (⅓ cup) of dry white wine
- 4 tablespoons of extra virgin olive oil
- 1 tablespoon of fresh parsley, chopped

Procedure

Clean the squid by separating the body from the tentacles.

In a pan, fry the bruised clove of garlic in 2 tablespoons of extra virgin olive oil for a minute, then fry the tentacles and body of one of the squid, cut into strips. Brown for 5 minutes. Take the pan off the heat, remove and discard the garlic clove.

Drain and reserve any cooking liquid and finely chop the cooked squid. Cut the dry toasted bread into small cubes and soak it with the reserved cooking juices. If needed, add a little water to soften the bread.

In a bowl, add the bread (squeezed dry), the chopped fried squid, Parmesan cheese, egg, marjoram and finely chopped anchovy fillets. Stir well, season to taste with salt and pepper.

Using a teaspoon, fill the body of the calamari 2/3 full with the filling (it will expand while cooking) and seal the open end with a toothpick.

Place the stuffed squid in a pan containing 4 tablespoons of extra virgin olive oil and fry for 2 minutes turning gently to brown them on all sides.

Coarsely chop the peeled tomatoes, preserving their juice.

Pour the white wine over the squid in the pan. Once evaporated, add the chopped tomatoes with their juice and a spoonful of freshly chopped parsley.

Simmer for 20 minutes. Serve the calamari hot with their sauce.

Festa di San Giorgio, Portofino, Riviera di Levante

182 *Bagnun di acciughe*
Anchovy soup

● ○ ○

I pescatori del Levante cucinavano il bagnun d'acciughe con i pochi ingredienti che avevano a disposizione, direttamente a bordo delle barche o sulla spiaggia al ritorno dalle battute di pesca. Il ricordo di questi semplici sapori che hanno accompagnato la nostra storia marinara viene celebrato ogni anno a Riva Trigoso, un paesino di pescatori vicino a Sestri Levante, dove dal 1960 ogni penultimo fine settimana di luglio si tiene la sagra del bagnun.

Ingredienti
Dosi per 4 persone
- 500 g di acciughe freschissime
- 500 g di pomodori maturi da salsa (oppure una confezione da 400 g di pomodori pelati)
- 4 gallette del marinaio o 4 fette di pane casereccio tostato
- 1 cipolla bianca
- 1 spicchio di aglio
- 50 ml di vino bianco secco
- 3 cucchiai di olio EVO
- 1 ciuffo di prezzemolo fresco
- Qualche foglia di basilico
- Sale q.b.
- Peperoncino q.b.

Procedimento
Mettete a bollire un pentolino d'acqua. Pulite le acciughe levando testa, lisca e interiora. Tritate il prezzemolo insieme alla cipolla.

Spellate i pomodori: praticate un'incisione a croce alla base del pomodoro e immergetelo in acqua bollente per 1 minuto. La pelle verrà via immediatamente senza sforzo. Mantenete l'acqua sul fuoco. Tritate finemente i pomodori o frullateli velocemente. Se avete poco tempo potete usare i pomodori pelati in scatola.

Schiacciate leggermente lo spicchio d'aglio con il palmo della mano senza romperlo troppo, di modo che rilasci il sapore senza sciogliersi durante la cottura e si possa così togliere prima di servire.

In una padella larga (meglio se di terracotta), versate 3 cucchiai colmi di olio extravergine d'oliva, aggiungete il prezzemolo tritato con la cipolla e l'aglio schiacciato e soffriggete a fuoco dolce per 3-4 minuti. Quando l'olio si sarà insaporito e l'aglio sarà diventato biondo (non deve bruciare), versate il vino bianco e fatelo evaporare

Aggiungete i pomodori tritati, 2 mestoli d'acqua calda e le foglie di basilico. Aggiustate di sale e aggiungete peperoncino a piacere. Cuocete per 10 minuti, mescolando di tanto in tanto.

Quando il sugo si sarà leggermente ristretto, metteteci "a bagno" le acciughe, una ad una, e proseguite la cottura per altri 5 minuti. Non mescolate, altrimenti le acciughe si sfalderanno. Appena le acciughe sono cotte, spegnete il fuoco: il bagnun è pronto!

Prima di servire, ricordatevi di disporre una galletta del marinaio o una fetta di pane tostato sul fondo di ciascun piatto, in modo che si inzuppino bene di sugo. Se desiderate, potete prima insaporire il pane, sfregandolo con uno spicchio di aglio.

Vino - Wine
Ormerasco di Pornassio
Sciac-tra DOC

The "bagnun di acciughe" was a dish cooked by the fishermen of Eastern Liguria with the few ingredients they had available, directly aboard their fishing boats or on the beach once ashore with the catch. The memory of the simple flavors that have accompanied our maritime history is celebrated every year in Riva Trigoso, a fishing village near Sestri Levante, where the Festival of Bagnun takes place every penultimate weekend of July since 1960.

Ingredients
Serves 4
- 500 g (1 lb) of fresh anchovies
- 500 g (1 lb) of ripe tomatoes (or canned peeled tomatoes)
- 4 sailor's crackers or 4 slices of toasted rustic bread
- 1 white onion
- 1 clove of garlic
- 50 ml (¼ of cup) of dry white wine
- 3 tablespoons of extra virgin olive oil
- 1 small bunch of fresh parsley
- A few fresh basil leaves
- Salt
- Chili pepper

Procedure
Set a small pan of water to boil. Clean the anchovies, removing head, bone and innards. Finely chop the parsley and onion.

Peel the tomatoes (make a crosswise cut at the base of the tomato and drop careful in the boiling water for 1 minute: the scalding water will peel away the tomato skin with no effort, but you need to keep the water boiling). If pressed for time, use canned peeled tomatoes. Finely chop or blend them quickly.

Gently bruise the garlic clove with the palm of your hand without breaking it: the garlic will yield its aroma without breaking up in the sauce while cooking and you can remove it before serving.

Pour 3 tablespoons of extra virgin olive oil in a large pan (or better yet, in terracotta), then add the chopped parsley and onion and shallow fry for 3-4 minutes.

When the garlic is golden (it mustn't burn) pour in the white wine and let the alcohol evaporate.

Add the chopped tomatoes, two cups of hot water and the basil leaves.

Season with salt and chili pepper to taste. Cook for about 10 minutes mixing from time to time until you have a thick, flavorful sauce.

Immerse the anchovies in the sauce one by one and continue cooking for another 5 minutes. Take care not to mix the sauce now, otherwise the anchovies will break up.

Serve with a sailor's cracker or a slice of toasted bread on the side of the plate: essential for mopping up the sauce!

186

Acciughe ripiene fritte
Fried stuffed anchovies

● ● ○

Se le acciughe ripiene al forno sono una ricetta tradizionale molto diffusa, quelle fritte si trovano più raramente. A casa nostra però sono sempre state un must delle cene estive. Sono un piatto eccezionale che combina perfettamente pesce e verdure, come nella miglior tradizione ligure.

Ingredienti
Dosi per 4-6 persone
- 1 kg di acciughe freschissime
- 500 g di bietole
- 4 uova
- ½ cipolla media
- 1 cucchiaio di Parmigiano grattugiato
- 2 cucchiai di olio EVO
- 1 cucchiaino di maggiorana fresca tritata
- Pangrattato per impanare
- Noce moscata q.b.
- Olio di arachidi per friggere
- Sale q.b.

Procedimento

Sciacquate e bollite le bietole per 5 minuti in acqua salata, scolate e lasciate raffreddare.

Pulite le acciughe togliendo testa e interiora e apritele a libro levando la lisca. Sciacquatele e lasciatele asciugare su un foglio di carta assorbente.

In una padella, versate 2 cucchiai d'olio e la cipolla finemente tritata. Lasciate dorare per 10 minuti, fino a quando la cipolla diventerà trasparente.

Nel frattempo, strizzate bene le bietole, tritatele finemente e aggiungetele al soffritto di cipolla. Fate rosolare per circa 2 minuti. Versate le bietole in una ciotola e unitevi 2 uova, il Parmigiano, la maggiorana, un pizzico di noce moscata. Aggiustate di sale.

Versate il pangrattato in un piatto fondo. In un altro piatto fondo, sbattete con la forchetta le restanti 2 uova e aggiungetevi un pizzico di sale.

Farcite le acciughe: stendete sul piano di lavoro metà delle acciughe aperte a libro (con la pelle rivolta verso il basso) e, aiutandovi con un cucchiaino, stendete su ogni acciuga un poco di ripieno. Coprite ogni acciuga con un'altra (con la pelle rivolta verso l'alto), avendo cura di far aderire bene i bordi al ripieno. Passate tutte le acciughe una per una prima nell'uovo sbattuto, poi nel pangrattato. Continuate fino ad esaurire le acciughe.

Mettete sul fuoco una pentola dai bordi alti e fate scaldare bene l'olio di arachidi. Friggete le acciughe ripiene 1 minuto per lato o fino a quando saranno ben dorate. Spolverate di sale e servite calde o a temperatura ambiente.

Vino - Wine
Valpolcevera Cornata DOC

Compared with the baked stuffed anchovies found all over Liguria, fried stuffed anchovies are quite rare, despite being an exceptional dish that perfectly combines fish and vegetables in the very best Ligurian tradition. In our family they are a must at our summer table!

Ingredients
Serves 4-6
- 1 kg (2.2 lb) of very fresh anchovies
- 500 g (1.1 lb) of swiss chard
- 4 eggs
- ½ medium onion
- 1 tablespoon of grated Parmesan cheese
- 2 tablespoons of extra virgin olive oil
- 1 teaspoon of fresh marjoram, chopped
- 1 cup of breadcrumbs
- Nutmeg
- Peanut oil for frying
- Salt

Procedure
Wash then boil the swiss chard for 5 minutes in salted water, drain and let cool.

Clean, de-head and bone the anchovies. Rinse them, and flatten out like a butterfly, leaving them to dry on absorbent paper.

In a pan, pour two tablespoons of extra virgin olive oil and gently fry the finely chopped onion for 10 minutes until it becomes translucent.

Meanwhile, squeeze the chard well, chop finely and add to the golden onion. Sauté for a couple of minutes more. Tip the chard and onion into a bowl, add 2 eggs, the Parmesan cheese, marjoram, a pinch of nutmeg and check for seasoning.

Pour the breadcrumbs in a deep dish and in another similar dish beat the remaining two eggs and a pinch of salt.

Stuff the anchovies: lay half of the butterflied anchovies skin side down on your work surface and spread a teaspoonful of the chard stuffing on each. Cover each anchovy with another anchovy (skin side up). Take care to make the edges adhere well to the filling, then pass them each through the beaten egg and in the breadcrumbs.

Put a deep frying pan on the fire and heat the peanut oil. Fry the stuffed anchovies 1 minute per side or until they are golden brown. Serve hot or at room temperature, sprinkled with salt.

Noli, Riviera di Ponente

189

Pesce al forno alla ligure

Ligurian baked fish

● ○ ○

Ingredienti
Dosi per 4 persone
- 1 pesce fresco da 1 kg (branzino, orata o dentice)
- 200 g di patate
- 100 g di pomodorini ciliegini
- 70 g di olive taggiasche denocciolate
- 30 g di pinoli
- 3 spicchi d'aglio
- 50 ml di vino bianco
- 4 cucchiai di olio EVO
- Timo essiccato q.b.
- Sale e pepe nero q.b.

Ingredients
Serves 4
- 1 kg (2.2 lb) of fresh fish (sea bass, bream, snapper)
- 200 g (7 oz) of potatoes
- 100 g (3 oz) of cherry tomatoes
- 60 g (2 oz) of pitted Taggiasca olives
- 30 g (1 oz) of pine nuts
- 3 cloves of garlic
- 50 ml (3 tablespoons) of dry white wine
- 4 tablespoons of extra virgin olive oil
- Dried thyme to taste
- Salt and black pepper

Procedimento
Preriscaldate il forno a 200°C. Pulite il pesce privandolo di squame e interiora.

Sbucciate le patate, tagliatele a fettine di circa ½ cm e fatele bollire in acqua per qualche minuto (devono restare molto al dente). Tagliate i pomodorini a spicchi.

Foderate una teglia con carta da forno, lasciando che fuoriesca dai bordi. Irrorate la base della teglia con 2 cucchiai d'olio. Stendetevi le patate a fette. Adagiate al centro il pesce. Farcite l'interno della pancia del pesce con uno spicchio d'aglio intero.

Aggiungete intorno al pesce i pomodorini, le olive, i pinoli e l'aglio. Versate il vino e condite con abbondante timo essiccato, 2 cucchiai d'olio, sale e pepe. Coprite con uno strato di carta da forno e sigillate i bordi del cartoccio arrotolando la carta oppure aiutandovi con degli stuzzicadenti.

Cuocete in forno per circa 30 minuti. Servite il pesce sfilettato con verdure di contorno.

Procedure
Preheat the oven to 200°C (390°F). Clean and descale the fish.
Peel the potatoes and slice them about ½ cm (1/4 inch) thick. Parboil for a few minutes (they must remain quite al dente). Cut the tomatoes into wedges.

Line a baking dish with baking paper, with enough overhanging the sides to wrap the fish. Drizzle over half the oil and spread the sliced potatoes across the base. Hide a clove of garlic in the body cavity of the fish and place the fish atop the potatoes.

Add tomatoes, olives, pine nuts and garlic around the fish, pour in the wine, season with dried thyme, 2 tablespoons of extra virgin olive oil, salt and pepper. Place another sheet of baking paper on top and draw up the overhanging baking paper.

Fold the edges together to seal the fish inside the paper and bake for about 30 minutes. Serve portions of the fish fillets with the baked vegetables on the side.

Vino - Wine
Cinque Terre bianco DOC

190

Insalata di polpo e patate
Octopus and potato salad

● ○ ○

Ingredienti
Dosi per 4 persone
- 600 g di polpo bollito (circa 1,2 kg crudo)
- 600 g di patate
- 10 spicchi d'aglio sbucciati
- 2 cucchiai di succo di limone
- 4 cucchiai di olio EVO
- 4 cucchiai di prezzemolo fresco tritato
- Sale q.b.
- Pepe q.b.

Ingredients
Serves 4
- 600 g (1.3 lb) of octopus, already boiled
- 600 g (1.3 lb) of potatoes
- 10 cloves of garlic, peeled
- 3 tablespoons of lemon juice
- 4 tablespoons of extra virgin olive oil
- 4 tablespoons of fresh parsley, chopped
- Salt
- Pepper

Procedimento
Sbucciate le patate, tagliatele a dadini di circa 2 cm per lato e fatele bollire in acqua leggermente salata (in dose sufficiente a coprire le patate) per 5-6 minuti. Non cucinate troppo le patate: devono rimanere abbastanza solide e non disfarsi. Quando sono tenere, scolate l'acqua in eccesso e mettetele da parte.

Tagliate il polpo bollito a pezzetti. Aggiungete il polpo alle patate, aggiungete gli spicchi d'aglio e condite con prezzemolo, olio e succo di limone. Aggiustare di sale e pepe macinato a piacere.

Lasciate riposare l'insalata per almeno mezz'ora coperta da un piatto prima di servire. Ricordatevi di togliere tutti gli spicchi d'aglio quando la portate in tavola!

Procedure
Peel the potatoes, cut into cubes of about 2 cm (0.7 inch) per side and boil uncovered, in lightly salted water (just enough to cover the potatoes) for 5-6 minutes: don't overcook the potatoes, they should hold their shape. When tender, drain off excess water.

Cut the octopus into small pieces. Add the octopus to the still moist potatoes, add the whole cloves of garlic and season with parsley, oil and lemon juice. Season with salt and freshly ground pepper to taste.

Let the salad rest, covered by a plate for at least half an hour and remember to remove the whole cloves of garlic before serving.

Vino - Wine
Mataussu colline
Savonesi IGT

194

Polpettone di fagiolini e patate

Green bean and potato casserole

● ○ ○

La cucina ligure è conosciuta come una delle cucine regionali italiane più verdi. L'impiego di verdure come ingrediente principale di piatti elaborati e sostanziosi è davvero molto diffuso. Il polpettone di fagiolini e patate è una delle ricette più famose, anche perché quasi tutti i panifici e gastronomie liguri lo preparano quotidianamente da vendere al taglio. Due ortaggi molto comuni accompagnati da uova, formaggio ed erbe aromatiche si trasformano in un secondo piatto vegetariano di tutto rispetto.

Ingredienti
Dosi per 4-6 persone
- **400 g di fagiolini**
- **200 g di patate (circa due patate di media grandezza)**
- **2 uova**
- **1 cipolla bianca piccola**
- **3 cucchiai di Parmigiano grattugiato**
- **2 cucchiai di olio EVO (più quello necessario per ungere la teglia)**
- **1 cucchiaino di maggiorana tritata**
- **1 cucchiaino di prezzemolo tritato**
- **1 pizzico di sale**
- **Pangrattato q.b.**

Procedimento
Lavate le patate, mettetele con la buccia in una pentola piena d'acqua fredda e lessatele per 35 minuti o fino a quando saranno tenere.

Mondate i fagiolini e lessateli in acqua salata per 10-15 minuti, poi scolateli e tritateli finemente. Scolate le patate e passatele ancora calde nello schiacciapatate. In una ciotola capiente unite i fagiolini e le patate schiacciate e lasciate raffreddare.

Sbucciate e tritate la cipolla, fatela rosolare dolcemente in una padella insieme a 2 cucchiai d'acqua e 2 cucchiai di olio per 5-6 minuti, poi unitela all'impasto di patate e fagiolini.

Aggiungete le uova, il Parmigiano grattugiato e la maggiorana e mescolate bene fino ad ottenere un composto omogeneo. Regolate di sale.

Riscaldate il forno a 180°C. Ungete una teglia con olio d'oliva, cospargetela di pangrattato e stendetevi delicatamente il composto creando uno strato uniforme di circa 2 cm. Decorate la superficie coi rebbi di una forchetta, spolverizzate con pangrattato e irrorate d'olio extravergine d'oliva.

Infornate e cuocete per circa 30-35 minuti o fino a quando la superficie sarà ben dorata.

Lasciate raffreddare e servite freddo (il giorno dopo è ancora più buono!).

Vino - Wine
Bianchetta Genovese
Valpolcevera DOC

Ligurian cuisine is known as one of the greenest Italian cuisines. The use of vegetables as the main ingredient in elaborate and hearty dishes is widespread. This green bean and potato casserole is one of the most famous examples: almost all Ligurian bakeries and delis prepare it daily. Two very common vegetables mixed with eggs, cheese and aromatic herbs become a delicious and much respected vegetarian main dish.

Ingredients
Serves 4-6
- 400 g (15 oz) of green beans
- 200 g (8 oz) of potatoes (ab 2 medium size potatoes
- 2 eggs
- 1 small white onion
- 3 tablespoons of grated Parmesan cheese
- 2 tablespoon of extra virgin olive oil (plus some extra for greasing the baking dish)
- 1 teaspoon of fresh marjoram, minced
- 1 teaspoon of fresh parsley, minced
- 1 pinch of salt
- 1 cup of breadcrumbs

Procedure
Wash the potatoes, put them unpeeled in a pot of cold water and boil until tender.

Clean the green beans and boil them in salty water for about 10-12 minutes or until tender. Drain and chop roughly in the blender. Drain, peel and mash the potatoes while still hot. Combine the potato puree with the green beans in a bowl and leave to cool.

Clean the onions, chop finely and put in a skillet with 2 tablespoons of oil and 2 tablespoons of water to cook for 5-6 minutes until golden. Add the onions to the mix of potatoes and green beans.

Add the eggs, Parmesan cheese, marjoram and parsley and mix all the ingredients together. Add salt to taste.

Preheat the oven to 180°C (350°F). Grease a baking dish with a little extra virgin olive oil. Sprinkle in some bread crumbs, spoon in the green beans and potato mixture and smooth the top to obtain a layer 2 cm (1 inch) deep. Decorate by drawing the tines of a fork across the top to get a nice pattern. Top evenly with bread crumbs and drizzle over some more olive oil.

Bake for about 30-35 minutes or until the surface is golden.

Allow to cool down and serve warm or at room temperature - it's even better the next day!

198

Fiori di zucchino ripieni
Stuffed zucchini flowers

● ● ○

Ingredienti
Dosi per 6 persone
- 10 fiori di zucchino
- 3 patate di media grandezza
- 4 uova
- 3 cucchiai di ricotta
- 3 cucchiai di Parmigiano grattugiato
- 3 cucchiai di olio EVO (più quello per ungere la teglia)
- 1 cucchiaino di foglie di maggiorana, tritate
- 1 cucchiaio di prezzemolo fresco, tritato
- 1 tazza di pangrattato
- Sale q.b.
- Pepe q.b.

Procedimento
Lavate le patate, mettetele con la buccia in una pentola piena d'acqua fredda e fate bollire per circa 35 minuti o finché non saranno tenere. Scolatele, sbucciatele e schiacciatele ancora calde.

Mettete le patate in una ciotola, aggiungete 2 uova, la ricotta, il Parmigiano, le foglie di maggiorana e il prezzemolo. Mescolate, assaggiate e condite con sale e pepe a vostro piacimento.

Pulite i fiori di zucchino sotto l'acqua, poi rimuovete il pistillo interno con un paio di forbici, facendo attenzione a non rovinare la corolla

Preriscaldate il forno a 180°C. Coprite una teglia con carta da forno e ungetela con olio extravergine d'oliva.

Sbattete 2 uova in un piatto fondo e versate il pangrattato in un piatto piano.

Riempite ad uno ad uno i fiori di zucchino con il ripieno di patate (potete usare una sac-a-poche per aiutarvi), passateli nell'uovo sbattuto, togliendo l'eccesso, e quindi nel pangrattato. Adagiateli poi sulla teglia. Irrorate con un filo d'olio extravergine d'oliva e sale, quindi infornate.

Fate cuocere per circa 30 minuti o fino a quando la superficie non sarà dorata. Serviteli caldi o tiepidi.

Vino - Wine
Bianchetta Genovese Golfo del Tigullio Portofino DOC

Ingredients
Serves 6
- 10 zucchini flowers
- 3 medium sized potatoes
- 4 eggs
- 3 tablespoon of ricotta cheese
- 3 tablespoons of grated Parmesan cheese
- 3 tablespoons of extra-virgin olive oil (plus some extra for oiling the baking dish)
- 1 teaspoon of fresh marjoram, minced
- 1 teaspoon of fresh Italian (flat) parsley, minced
- 1 cup of breadcrumbs
- Salt
- Pepper

Procedure
Wash the potatoes, put them unpeeled in a pot filled with cold water. Bring to the boil and cook until tender (about 35 minutes in total). Drain, peel and mash the potatoes in a bowl while still hot.

Add 2 eggs, the ricotta cheese, the Parmesan cheese, the marjoram leaves and the parsley to the potatoes. Stir, taste and season with salt and pepper.

Clean the zucchini blossoms gently under water, remove the inner pistil with a pair of scissors, being careful not to break the corolla.

Preheat the oven to 350°F (180°C). Line a shallow baking dish or pan with baking paper and pour in a little extra virgin olive oil to grease it.

Beat two eggs in a soup bowl and pour the bread crumbs onto a large plate.

One by one, fill the zucchini blossom with the potato filling (you can use a sac-a-poche or icing bag to help you). Pass the filled flowers through the beaten egg, and then the bread crumbs. Shake off the excess crumbs and lay the filled flowers in the baking dish or pan.

Drizzle with some extra virgin olive oil and sprinkle over some salt. Bake for about 30 minutes or until the crumb topping is golden. Serve hot or warm.

200

Verdure ripiene
Stuffed vegetables

● ○ ○

Le verdure ripiene sono un altro grande esempio dell'arte ligure del ripieno, nonché di come utilizzare pochi ingredienti freschi e "poveri" per ottenere un secondo piatto sofisticato e, se si omette l'uso della mortadella nel ripieno, pure vegetariano!

Ingredienti
Dosi per 6 persone
- 500 g di zucchine
- 500 g di cipolle bianche rotonde (circa 4 cipolle medie)
- 200 g di cipolle bianche finemente tritate (circa 2 cipolle medie)
- 300 g di patate (circa 3 patate)
- 2 peperoni piccoli
- 120 g di mortadella finemente tritata (opzionale)
- 2 uova
- 4 cucchiai di Parmigiano grattugiato
- 3 cucchiai di olio EVO (più olio extra per ungere la teglia e i ripieni)
- 2 cucchiaini di foglie di maggiorana fresca, tritate
- 2 cucchiai di foglie di prezzemolo fresco, tritate
- 1 tazza di pangrattato
- Sale q.b.
- Pepe q.b.

Vino - Wine
Vermentino Colli di
Luni DOC

Procedimento
Lavate le patate, mettetele con la buccia in una pentola d'acqua fredda e lessatele fino a quando saranno tenere (35 minuti circa).

In una padella, fate dorare la cipolla tritata con 3 cucchiai di olio extravergine d'oliva a fuoco basso per 10 minuti o fino a quando diventerà traslucida.

Lessate le zucchine in acqua salata per circa 6 minuti (devono rimanere sode), poi scolatele, tagliatele a metà per il senso della lunghezza e scavate la polpa interna così da ottenere piccole barchette. Tritate finemente con il coltello la polpa e mettetela da parte.

Pelate e lessate le cipolle in acqua salata per circa 10 minuti (devono rimanere sode), poi scolatele, tagliatele a metà in senso longitudinale e sfogliate delicatamente gli strati in modo da ottenere tante "ciotoline". Scegliete quelle più grandi e intatte. Tritate finemente la polpa restante e mettetela da parte.

Lavate i peperoni, privateli di picciolo e semi e tagliateli lungo le coste in modo da ottenere delle barchette.

Aggiungete la polpa delle zucchine e delle cipolle nella padella con le cipolle stufate e fate soffriggere per 5 minuti. Scolate le patate, sbucciatele e schiacciatele ancora calde. Mettete in una ciotola le patate, il composto di verdure soffritte, le uova, il Parmigiano, la mortadella (opzionale), le foglie di maggiorana e il prezzemolo. Mescolate bene, assaggiate e regolate di sale e pepe.

Preriscaldate il forno a 200°C. Foderate una teglia ampia con carta da forno e ungetela leggermente con l'olio extravergine d'oliva. Riempite le "barchette" di zucchine, cipolle e peperoni con il ripieno, quindi adagiatele una accanto all'altra nella teglia. Cospargete con abbondante pangrattato, 2 cucchiai di olio extravergine di oliva e un pizzico di sale.

Cuocete in forno per circa 1 ora o fino a quando la superficie sarà ben dorata. Lasciate raffreddare i ripieni e serviteli tiepidi o a temperatura ambiente. Il giorno dopo sono ancora più buoni!

Stuffed vegetables are another great example of the Ligurian art of stuffing, as well as how to use a few humble fresh ingredients to make a sophisticated second course; and if you leave out the mortadella in the stuffing, it's vegetarian!

Ingredients
Serves 6
- 500 g (1 lb) of zucchini
- 500 g (1 lb) of round white onions (ab 4 medium-sized)
- 200 g (7 oz) of white onions, finely chopped (ab 2 onions)
- 300 g (10 oz) of potatoes
- 2 small sweet peppers
- 120 g (4.5 oz) of mortadella, finely chopped (optional)
- 2 eggs
- 4 tablespoons of grated Parmesan cheese
- 3 tablespoons of extra virgin olive oil (plus extra to oil the baking dish)
- 2 teaspoons of fresh marjoram leaves, finely chopped
- 2 tablespoons of fresh parsley leaves, finely chopped
- 1 cup of breadcrumbs
- Salt
- Pepper

Procedure
Wash the potatoes, put them in a roomy pot of cold water with their skins on and boil until tender (about 35 minutes).

Fry the chopped onions gently in a pan with 3 teaspoons of extra virgin olive oil over a low heat for 10 minutes or until translucent.

Boil zucchini (whole) in salted water for about 6 minutes (they must remain firm), drain, cut in half lengthwise and remove the inner flesh so they resemble small boats. Finely chop the pulp you removed and set aside.

Peel and boil the whole onions in salted water for about 10 minutes (they must remain firm). Drain, cut in half longwise and gently peel the layers apart in order to get many small bowls. Choose the thickest and most intact ones. Finely chop the remaining cooked onion and set aside.

Wash and deseed the sweet pepper: cut in half along its length, remove the green stalk and the seeds to achieve two small bowls.

Add the pulp of zucchini and onions to the pan with the frying onions and sauté for 5 minutes.

Drain the boiled potatoes, peel and mash while they're still warm. In a roomy bowl, add the potatoes, the mix of fried vegetables, the eggs, Parmesan cheese, mortadella (optional), marjoram leaves and parsley. Mix well together, taste and season with salt and pepper.

Preheat the oven to 200°C (425°F). Line a large baking tray with baking paper and grease lightly with extra virgin olive oil. Fill the zucchini boats, the onion and pepper bowls with the vegetable stuffing and arrange side by side in the baking tray. Sprinkle with plenty of breadcrumbs, 2 tablespoons of extra virgin olive oil and a pinch of salt.

Bake for around 1 hour or until the stuffing is golden brown on top. Remove from the oven and allow to cool. Serve warm or at room temperature. They're even tastier the next day!

Villa Angerer, San Remo, Riviera di Ponente

Villa Hanbury, Ventimiglia, Riviera di Ponente

204

Cipolle ripiene
Stuffed onions

● ○ ○

Ingredienti
Dosi per 6 persone
- 500 g di cipolle bianche grandi e rotonde
- 1 cipolla media, tritata
- 400 g di patate (circa 3 patate di media grandezza)
- 2 uova
- 3 cucchiai di Parmigiano grattugiato
- 4 cucchiai di olio EVO (più quello per ungere la teglia)
- 1 cucchiaino di foglie di maggiorana tritate
- 1 cucchiaio di prezzemolo fresco tritato
- 1 tazza di pangrattato
- Sale q.b.
- Pepe q.b.

Procedimento
Lavate le patate, mettetele con la buccia in una pentola d'acqua fredda e lessatele fino a quando saranno tenere (35 minuti circa).

In una padella, fate dorare la cipolla tritata con 3 cucchiai di olio extravergine d'oliva fuoco basso per 10 minuti o fino a quando diventerà traslucida, senza farla bruciare.

Sbucciate le altre cipolle e fatele bollire intere in acqua salata per circa 15 minuti (devono rimanere sode), poi scolatele, tagliatele a metà per il lungo e separate delicatamente gli strati in modo da ottenere tante "ciotoline". Scegliete quelle medie, più belle e intatte e mettetele da parte.

Tritate la parte rimanente delle cipolle e aggiungetela all'altra cipolla nella padella. Lascia soffriggere per 5 minuti.

Scolate le patate, sbucciatele e schiacciatele ancora calde. Mettetele in una terrina e aggiungete le cipolle rosolate, le uova, il Parmigiano, la maggiorana e il prezzemolo. Mescolate bene e regolate di sale e pepe.

Preriscaldate il forno a 180°C. Coprite una teglia con carta da forno e ungetela con olio extravergine d'oliva. Riempite le ciotoline di cipolle con il ripieno di patate (potete aiutarvi con una sac-a-poche o un cucchiaino) e mettetele una di fianco all'altra nella teglia. Cospargete con abbondante pangrattato e condite con olio extra vergine d'oliva.

Cuocete in forno per circa 30 minuti o fino a quando la superficie sarà dorata.

Servite tiepide o a temperatura ambiente, anche se il giorno dopo sono ancora più buone!

Vino - Wine
Colline di Levanto
Vermentino DOC

Ingredients
Serves 6
- 500 g (1 lb) of big round white onions
- 1 medium size onion, finely chopped
- 400 g (14 oz) of potatoes (ab 3 medium sized potatoes)
- 2 eggs
- 3 tablespoons of grated Parmesan cheese
- 4 tablespoon of extra virgin olive oil (plus some extra for greasing the baking dish)
- 1 teaspoon of fresh marjoram leaves, finely chopped
- 1 tablespoon of fresh Italian parsley, finely chopped
- 1 cup of breadcrumbs
- Salt
- Pepper

Procedure
Wash the potatoes, put them in a roomy pot of cold water with their skins on and boil until tender (about 35 minutes).

Put the chopped onion in a skillet on a low fire with 3 tablespoons of extra virgin oil and cook gently until golden and translucent (about 15 minutes).

Peel the big round onions and boil them whole in salty water for about 10 minutes (they must remain firm). Drain and cut each in half longwise from root to tip. Separate the layers to achieve many little bowls. Reserve the best intact ones to one side and chop the remaining central part.

Add the chopped onion pulp to the skillet with the fried onion and cook a little longer, around five minutes. Drain the potatoes, peel them and mash while still hot.

Put the potato puree in a bowl, add the fried onion from the skillet, the eggs, the Parmesan cheese, the marjoram leaves and parsley. Mix well, taste and season with salt and pepper.

Preheat the oven to 180°C (350°F). Line a shallow baking dish with baking paper and grease it with some extra virgin olive oil. Using a piping bag or just a teaspoon, fill your onion bowls with the potato filling and arrange side by side in the baking dish.

Sprinkle breadcrumbs on top and drizzle with some extra virgin olive.

Bake for about 30 minutes or until the surface is golden. Remove from the oven to cool. Serve warm or cool (they're even better the next day!)

206

Pomodori ripieni
Stuffed tomatoes

● ○ ○

Ingredienti
Dosi per 6 persone
- 600 g di pomodori da insalata medi, maturi e sodi (circa 10 pomodori)
- 200 g di cipolle bianche finemente tritate (circa 2 cipolle di media grandezza)
- 5 filetti di acciughe salate, puliti (opzionale)
- 2 uova, leggermente sbattute
- 50 g di mollica di pane
- ½ bicchiere di latte
- 20 g di burro
- 4 cucchiai di Parmigiano grattugiato
- 1 cucchiaio di olio EVO (più olio extra per ungere la teglia)
- 3 cucchiai di prezzemolo fresco tritato
- 1 tazza di pangrattato
- Sale q.b.
- Pepe q.b.

Procedimento
Lavate i pomodori e, con un coltello ben affilato, tagliate la calotta superiore dove si trova il picciolo. Mettete da parte le calotte e scavate i pomodori rimuovendo semi e polpa. Cospargeteli con poco sale fino e rovesciateli su un tagliere perché perdano un po' d'acqua.

In una padella, fate dorare la cipolla tritata con il burro e l'olio extravergine d'oliva a fuoco basso per 10 minuti o fino a quando sarà diventata traslucida.

Nel frattempo, ammollate la mollica di pane nel latte.

Preparate il ripieno unendo in una ciotola la mollica di pane ben strizzata, le uova, il Parmigiano, il prezzemolo tritato e la cipolla stufata. Regolate di sale (deve essere saporito) e pepe.

Preriscaldate il forno a 200°C. Foderate una teglia con carta da forno e ungetela con un filo d'olio extravergine d'oliva.

Strofinate un pezzo di mollica di pane all'interno dei pomodori per rimuovere il sale e asciugarli completamente. Riempiteli quindi con il ripieno e adagiateli uno accanto all'altro sulla teglia. Mettete in cima ad ogni pomodoro mezzo filetto di acciuga salata e coprite con la calotta a mo' di coperchio.

Cospargete con abbondante pangrattato, 2 cucchiai di olio extravergine d'oliva e un pizzico di sale.

Cuocete in forno per circa 1 ora. Lasciateli raffreddare e serviteli tiepidi o a temperatura ambiente. Il giorno dopo sono ancora più buoni!

Vino - Wine
Rossese Riviera di Ponente DOC

Ingredients

Serves 6

- 600 g (1.3 lb) of ripe and firm tomatoes (about 10 medium sized tomatoes)
- 200 g (7 oz) of onions, finely chopped (about 2 medium sized onions)
- 5 salted anchovy fillets (optional)
- 2 eggs, lightly beaten
- 50 g (1.7 oz) of breadcrumbs
- ½ cup of milk
- 20 g (0.7 oz) of butter
- 4 tablespoons of grated Parmesan cheese
- 1 tablespoon extra virgin olive oil (plus some extra for greasing the baking dish)
- 3 tablespoons fresh Italian parsley, finely chopped
- 1 cup of breadcrumbs
- Salt
- Pepper

Procedure

Wash the tomatoes and, with a sharp knife, slice off the upper section below the stalk. Set this aside as your cap and using a teaspoon, dig out the seeds and watery pulp from the body of the tomato. Sprinkle the cavity with a pinch of salt and leave it upside down on the cutting board to give up a little more watery juice.

Fry the chopped onion gently in a pan over low heat with the butter and extra virgin olive oil for 10 minutes or until translucent. Soak the breadcrumbs in milk.

In a bowl, prepare the stuffing by combining the well squeezed breadcrumbs, eggs, Parmesan cheese, chopped parsley and cooked onion. Season to taste with salt and pepper (don't be too frugal with the salt, they must be tasty!).

Preheat the oven to 200°C (400°F) and oil the base of a shallow baking dish, or line it with parchment paper.

Rub a piece of bread inside the tomatoes to remove the salt and dry them well on the inside. Then, using a teaspoon, fill them with the stuffing and place them side by side in the dish. Place half a salted anchovy fillet atop each tomato and cover with the cap like a lid.

Sprinkle with plenty of breadcrumbs, 2 tablespoons of extra virgin olive oil and a pinch of salt. Bake in the oven for about 1 hour. Let them cool and serve warm or at room temperature. These always taste even better the next day!

210

Condigiun di pomodori
Tomato salad

● ○ ○

Il condigiun (o "condiglione" o "cundigiun"), è un piatto della cucina popolare contadina. Pare trovi le sue origini nella Liguria di Ponente, nella zona limitrofa alla Provenza, tanto vicino alla Francia da ricordare la famosa insalata nizzarda (salade nicoise). È un'insalata in cui la protagonista è la verdura estiva che cresce negli stretti orti verticali della Liguria e che chiede di essere condita con abbondante olio extravergine d'oliva. Alla base dell'insalata, a raccogliere il succo dei pomodori, una o due gallette del marinaio spezzettate e leggermente bagnate con acqua e aceto. Si racconta che questo piatto una volta fosse consumato dalle donne riunite in strada nell'ora di pranzo mentre i mariti erano lontano per mare o nei campi, e che venisse servito in un grosso piatto comune detto "grillettu" da cui tutte si servivano direttamente.

Ingredienti
Dosi per 6 persone
- 1 kg di pomodori maturi (meglio se della varietà cuore di bue)
- 2 gallette del marinaio (o 2 fette di pane da bruschetta tostato)
- ½ peperone giallo
- 1 cetriolo sbucciato
- 3 spicchi di aglio interi
- ½ cipolla rossa
- 100 g di fagiolini (opzionali)
- 2 uova (opzionali)
- 1 manciata di olive taggiasche denocciolate
- 2 acciughe sotto sale pulite
- 2 cucchiai di aceto di vino rosso
- 10 foglie di basilico
- Olio EVO q.b.
- Sale q.b.
- Pepe q.b.

Vino - Wine
Colli di Luni
Vermentino DOC

Procedimento
In una ciotola, versate un bicchiere d'acqua e un cucchiaio d'aceto e immergetevi per 2 minuti le gallette del marinaio grossolanamente spezzettate. Strizzatele e adagiatele sul fondo del piatto di portata, spolverate con un pizzico di sale. Se non avete le gallette del marinaio, tagliate a cubetti il pane tostato e mettetelo sul fondo del piatto di portata, irrorandolo con poca acqua, aceto e un pizzico di sale.

Se li avete, pulite e mettete a bollire i fagiolini e bollite le uova fino a quando non saranno sode.

Tagliate a fettine la cipolla rossa e mettetela a bagno in una ciotolina con un bicchiere d'acqua e un cucchiaio d'aceto.

Affettate i pomodori in spicchi, il cetriolo pelato a rondelle, il peperone giallo a listarelle e, di volta in volta, metteteli nel piatto di portata sopra il pane. Salate leggermente. Aggiungete i fagiolini lessati. Scolate e strizzate le fettine di cipolla e aggiungetele all'insalata. Aggiungete quindi le olive denocciolate, gli spicchi d'aglio sbucciati e interi, i filetti d'acciuga tagliati a pezzettini, le uova sode tagliate in quarti e le foglie di basilico tagliate grossolanamente.

Condite ancora con un pizzico di sale e abbondante olio extravergine d'oliva. Non mescolate.

Lasciate riposare per almeno un'ora a temperatura ambiente sotto il peso di un piatto prima di mescolare e servire.

Condigiun (or "condiglione" or "cundigiun") is a dish from peasant folk cuisine. It seems to have its origins in Western Liguria, near Provence, and it has similarities with the famous French salad nicoise. This is a salad in which the star ingredients are the summer vegetables grown in the steep gardens of Liguria and it demands a dressing with plenty of extra virgin olive oil. One or two sailor's crackers, moistened with water and vinegar are crumbled and laid at the base of the dish to soak up the sweet juice of the tomatoes. It is said that this lunchtime dish was often eaten by the women gathered together in the street while their menfolk were at sea or working in the fields, and that it was served in a large dish called "grillettu" from which everyone helped themselves.

Ingredients
Serves 6
- 1 kg (2 lb) of ripe tomatoes
- 2 sailor's crackers (or 2 slices of toasted bruschetta bread)
- ½ yellow pepper
- 1 peeled cucumber
- 3 whole garlic cloves
- ½ red onion
- 100 g (3.5 oz) of green beans (optional)
- 2 eggs (optional)
- 1 handful of pitted Taggiasca olives
- 2 fillets of salted anchovies
- 2 tablespoons of red wine vinegar
- 10 basil leaves
- Extra virgin olive oil
- Salt
- Pepper

Procedure

Cut the toasted bread into cubes and place at the bottom of the serving dish, sprinkling with a little water, vinegar and a pinch of salt. If you have the sailor's crackers, pour a glass of water and a tablespoon of vinegar into a bowl and break the crackers into it; allow them to sit for a minute or two. Squeeze out most of the liquid and place them on the bottom of the salad serving dish. Sprinkle with a pinch of salt.

Rinse the green beans and boil in salted water until tender. Hard boil the eggs.

Slice the red onion and let it soak in a small bowl with a glass of water and a tablespoon of vinegar to mellow the onion's flavor.

Slice the tomatoes into wedges, peel and slice the cucumber, cut the yellow pepper into strips, adding each ingredient to the serving dish as you go. Add the green beans. Salt lightly. Squeeze the onion slices dry and add them to the salad. If you like, add a hard-boiled egg cut in wedges. Now add the pitted olives, the peeled whole garlic cloves, the anchovy fillets cut in small pieces and the basil leaves, roughly chopped.

Season again with a pinch of salt and drizzle generously with extra virgin olive oil. Do not mix.

Leave the salad to rest for at least an hour under the pressure of a plate at room temperature before tossing it together to serve.

214

Spinaci con pinoli e uvetta
Spinach with pine nuts and raisins

● ○ ○

Ingredienti
Dosi per 4 persone
- 1 kg di spinaci freschi
- 2 cucchiai di pinoli
- 1 cucchiaio di uvetta
- 1 spicchio di aglio
- 4 cucchiai di olio EVO

Ingredients
Serves 4
- 1 kg (2 lb) of fresh spinach
- 2 tablespoons of pine nuts
- 1 tablespoon of raisins
- 1 clove of garlic
- 4 tablespoons of extra virgin olive oil

Procedimento
Lavate gli spinaci e scottateli in acqua bollente salata per 6-8 minuti. Scolateli e metterli da parte.

Versate l'olio e lo spicchio d'aglio affettato in una padella. Fate dorare per circa 3 minuti a fuoco medio. Aggiungete l'uvetta e i pinoli e lasciate insaporire per un paio di minuti. Versate gli spinaci ben scolati nella padella e fateli soffriggere per 5 minuti fino a che non si arrostiscono leggermente. Servite caldi.

Procedure
Wash the spinach and blanch in boiling salted water (2% of salt) for 6-8 minutes. Drain and set aside.

Pour the oil into a skillet over medium heat and cook the garlic gently until golden, taking care not to burn it (about 3 minutes). Add the raisins and the pine nuts and let sauté for a couple of minutes. Add the drained spinach to the skillet and sauté together for another 5 minutes until lightly browned. Serve hot.

Vino - Wine
Pigat Riviera Ligure di Ponente DOC

216

Fagiolini e pinoli
Green beans and pine nuts

● ○ ○

Ingredienti
Dosi per 4 persone
- 500 g di fagiolini freschi
- 30 g di pinoli
- 2 filetti di acciuga salata
- 2 spicchi d'aglio
- 4 cucchiai di olio EVO
- ½ bicchiere d'acqua
- Sale q.b.

Ingredients
Serves 4
- 500 g (1 lb) of fresh green beans
- 30 g (1 oz) of pine nuts
- 2 fillets of salted anchovy
- 2 cloves of garlic
- 4 tablespoons extra virgin olive oil
- ½ glass of water
- Salt

Procedimento
Fate bollire i fagiolini in acqua leggermente salata finché non saranno al dente. Scolate e mettete da parte.

Versate l'olio in un'ampia padella, aggiungete l'aglio tagliato a fettine sottili e i filetti di acciuga salata. Fate dorare l'aglio e sciogliere l'acciuga per 3-4 minuti. Aggiungete quindi i fagiolini interi e rosolateli a fuoco medio per 10 minuti finché non saranno leggermente raggrinziti e dorati.

Nel frattempo pestate i pinoli in un mortaio (non è necessario ridurli in crema, qualche pezzetto più grosso non guasta) e stemperateli con ½ bicchiere d'acqua fredda. Se non avete un mortaio potete usare un frullatore.

Versate la "lattata di pinoli" nella padella, regolate di sale e pepe e lasciate cuocere a fuoco medio, girando spesso, fino a quando il liquido dei pinoli si sarà assorbito completamente.
Servite caldi.

Procedure
Boil the green beans in lightly salted water until they are al dente. Drain and set aside.

Pour the oil into a large pan, add the garlic cut into thin slices and the anchovy fillets. Cook the garlic carefully and melt the anchovy into the oil (3-4 minutes), then add the green beans and brown them over medium heat for 10 minutes until they are slightly wrinkled and golden.

Meanwhile, crush the pine nuts in a mortar (you don't need to reduce them to cream, some larger pieces are fine) and dilute the crushed nuts with ½ glass of cold water. If you don't have a mortar, you can use a blender.

Pour the "pine nut milk" into the pan, season to taste with salt and pepper and let cook, stirring from time to time until the beans are perfectly cooked and the pine nut milk absorbed. Serve hot.

Vino - Wine
Vermentino Colline di Levanto DOC

217

Piselli alla borghese
Stewed peas

● ○ ○

Ingredienti
Dosi per 4 persone
- **500 g di piselli freschi sgranati**
- **30 g di pinoli**
- **½ cipolla rossa di Tropea**
- **4 cucchiai di olio EVO**
- **½ bicchiere d'acqua**
- **Sale q.b.**

Ingredients
Serves 4
- 500 g (1 lb) of freshly shelled peas
- 30 g (1 oz) of pine nuts
- ½ red onion
- 4 tablespoons of extra virgin olive oil
- ½ glass of water
- Salt

Procedimento
Affettate la cipolla rossa a rondelle sottili. Versate l'olio in un'ampia padella, aggiungete la cipolla, i piselli sgusciati e fate cuocere per otto minuti a fuoco medio. Per evitare che la cipolla abbrustolisca, aggiungete un cucchiaio d'acqua.

Nel frattempo, pestate i pinoli in un mortaio (non è necessario ridurli in crema, qualche pezzetto più grosso non guasta) e stemperateli con ½ bicchiere d'acqua fredda.

Versate la "lattata di pinoli" nella padella, regolate di sale e lasciate cuocere a fuoco lento sotto un coperchio fino a quando i piselli saranno morbidi e il liquido si sarà assorbito completamente.

Procedure
Slice the red onion thinly. Pour the oil into a large pan, add the onion and peas and cook for 8-10 minutes over medium heat. If the onion is at risk of burning, add a spoonful of water.

In the meantime, crush the pine nuts in a mortar or coarsely chop in the blender (you do not need to reduce them to a cream: some larger pieces will give a pleasurable crunch in the finished dish). Stir in half a cup of cold water to make a kind of milk.

Pour the "pine nut milk" into the frying pan, add salt to taste and let the dish cook slowly, covered, until the peas are perfectly cooked and the liquid absorbed.

Vino - Wine
Mataossu Colline
Savonesi IGT

219

Focacce e torte salate
Focaccia: bread and savoury pies

220 *Farinata*

Chickpea tart

● ○ ○

La farinata è uno dei piatti più rappresentativi del cibo di strada genovese. È una ricetta antichissima e così popolare che i genovesi le hanno dedicato una leggenda per ricordare una delle più grandi imprese nella storia della città: la sconfitta degli acerrimi nemici pisani nella battaglia della Meloria.

Correva l'anno 1284: di ritorno dalla vittoriosa battaglia, la flotta dei genovesi incontrò una tempesta. I sacchi di farina di ceci a bordo delle navi si rovesciarono e la farina si mescolò con l'acqua di mare che copriva i ponti di coperta. Passata la burrasca, i marinai, stremati e affamati, recuperarono la pastella e la misero ad asciugare al sole. Il giorno dopo la assaggiarono e ne scoprirono la bontà. Tornati a casa, misero a punto la ricetta prevedendo la cottura nei forni a legna e, in spregio al nemico vinto, chiamarono la farinata "l'oro di Pisa".

Ingredienti

Dosi per 4 persone
(Una teglia da 35 cm
di diametro)
- 190 g di farina di ceci
- 570 ml di acqua tiepida
- 90 g di olio EVO
- 8 g di sale
- Pepe q.b.

Procedimento

Mettete la farina di ceci a fontana in una ciotola e, poco alla volta, aggiungete il sale e l'acqua tiepida, mescolando con una frusta in modo che si crei una pastella liscia e senza grumi. Coprite la ciotola con della pellicola trasparente e lasciate riposare la pastella a temperatura per almeno 4 ore (ancora meglio 8). Mescolatela ogni 2 ore e, con una schiumarola, rimuovete l'eventuale schiuma in superficie.

Terminato il riposo, preriscaldate il forno a 280-300°C e mettete all'interno la teglia vuota. Prendete la teglia vuota dal forno (attenzione a non bruciarvi) e versateci dentro l'olio.

Prendete quindi un cucchiaio di legno, posatelo inclinato di 45° al centro della teglia e versate la pastella all'interno della teglia, facendola correre lungo il cucchiaio. In questo modo si adagerà dolcemente sull'olio, che creerà una pellicola protettiva sopra e sotto la pastella senza mischiarsi con essa.

Infornate nel ripiano più basso del forno e fate cuocere per 20 minuti o fino a quando la pastella, rappresa, avrà un color nocciola chiaro. Quindi spegnete il forno e accendete la modalità grill per 5 minuti, in modo che si crei una crosticina marrone chiaro sulla superficie della farinata.

Sfornate, attendete un minuto, spolverate di pepe e servite caldissima.

Vino - Wine
Valpolcevera Coronata DOC

Farinata is one of the most iconic of Genoese street foods, an ancient dish so popular that the Genoese created a legend to remember one of the greatest achievements in the city's history: the defeat of their great rivals the Pisans in the battle of Meloria.

The year was 1284. It is said that on its return from the battle the Genoese fleet encountered a storm. The bags of chickpea flour on board the ships overturned and the flour mixed with the sea water that swept the decks. After the storm the sailors, exhausted and hungry, recovered the batter and put it to dry in the sun. The next day they tasted it and discovered its goodness. When they got home, they refined the recipe, baking it in wood ovens and, in defiance of their defeated enemy, they called it "the gold of Pisa".

Ingredients
Serves 4
(Makes a "cake" around
35 cm (14 inches) diameter)
- 190 g (7.7 oz) of chickpea flour
- 570 ml (19 fl oz) of lukewarm water
- 90 g (3.2 oz) of extra virgin olive oil
- 8 g (0.2 oz) of salt
- Pepper

Procedure
Put the chickpea flour in a bowl, add the salt and lukewarm water a little at a time, stirring with a whisk to make a smooth, lump-free batter. Leave to rest at room temperature covered with cling film for at least 4 hours (8 is even better). Stir it every 2 hours and skim off the foam that will form on top (these are impurities released by the chickpeas).

When the batter is ready, preheat the oven to 280-300°C (530-570°F) with the cooking pan inside. Carefully take the pan from the oven, and pour in the extra virgin olive oil.

Then take a wooden spoon, and position it at an angle of 45° in the middle of the pan. Pour the batter slowly into the pan, making it run along the spoon so that it floats gently over the oil. The oil creates a protective film above and below the batter without mixing with it.

Bake in the lower shelf of the oven for 20 minutes until the farinata has a light hazelnut color. Heat under the hot grill for 5 minutes to create a light brown crust on the surface.

Bring to the table, sprinkle with pepper and serve very hot.

Palazzo in Via Garibaldi, Genova

224 Focaccia genovese (metodo diretto)

A Genova, la focaccia è onnipresente. Accompagna la vita dei genovesi dall'alba al tramonto. La si mangia "pucciata" (inzuppata) nel caffè latte o nel cappuccino al bar per colazione; i bimbi la portano a scuola come merenda; a pranzo si farcisce con il prosciutto; viene offerta alle feste e, all'ora dell'aperitivo, fa da sponda a un fresco bicchiere di vino bianco. Già nel Medioevo la focaccia era il pane conviviale per eccellenza. Si mangiava in chiesa durante i matrimoni e pure durante i funerali. Alla lunga, questo infastidì talmente il clero che il vescovo Matteo Gambaro ne proibì definitivamente il consumo durante tutte le liturgie.

A Genova la focaccia va via come il pane, letteralmente. I panifici la sfornano sin dalle primissime ore della mattina e continuano senza sosta fino a metà pomeriggio. Questo perché la focaccia genovese dà il suo meglio appena sfornata: i genovesi sono disposti ad aspettare anche 5-10 minuti in piedi nel negozio pur di mettere le mani su una "slerfa" di focaccia sfrigolante di forno. A casa, poi, ne arriva sempre la metà, dato che il resto viene divorato – più o meno consapevolmente – lungo la strada, complice anche il fatto che, se la focaccia è calda, il sacchetto deve restare aperto: il profumo è irresistibile. A Genova la focaccia non si mangia in modo qualunque: si mangia sottosopra, con la superficie a contatto con la lingua, perché così il gusto è ancora più intenso.

La focaccia perfetta è innanzitutto calda. Poi si riconosce perché è sottile (massimo 2 cm di spessore), è tempestata di buchi detti "œggi" (occhi), ha il centro bianco e cremoso ed è dorata e lucente d'olio, croccante fuori e morbida dentro, salata in superficie e mai acida. Ci sono ovviamente numerose variazioni sul tema, come la più tradizionale focaccia con le cipolle, quella con la salvia o con il rosmarino e quella con le olive. Ogni panificio si diverte a decorarne la superficie dando sfogo alla creatività.

Ingredienti

Dosi per una teglia rettangolare di 30x40 cm
- 370 g farina 00
- 180 g acqua
- 8 g di lievito di birra
- 6 g di malto
- 18 g di olio EVO
- 7 g di sale
- 35 g di olio EVO per ungere la teglia
- 20 g di olio EVO da stendere sulla superficie
- 50 ml di salamoia (soluzione al 5%: 50 ml di acqua, 2,5 g di sale fino)
- 2 cucchiai di olio EVO per spennellare la focaccia una volta cotta

Vino - Wine
Bianchetta Genovese
Valpolcevera DCO

Procedimento

Nella ciotola dell'impastatrice versate farina, sale, malto e acqua. Tenete da parte una piccola dose di acqua, circa il 5%: la aggiungerete alla fine. Impastate per 5 minuti a velocità bassa. Aggiungete il lievito di birra sbriciolato e, una volta che questo sarà incorporato, aggiungete l'olio, continuando a mescolare a bassa velocità.

Una volta incorporato l'olio (forse dovrete aiutarvi con le mani), aggiungete l'acqua lasciata da parte e continuate a impastare a media velocità per 6-7 minuti.

L'impasto è perfetto quando si forma una potente maglia glutinica, cioè quando, tirandolo per un lembo, risulta molto elastico e fatica a strapparsi.

Terminato l'impasto, rovesciatelo sul piano da lavoro, dategli una piega "a libro" e formate un rettangolo leggermente schiacciato con la chiusura della piega rivolta verso il basso. Coprite l'impasto con della pellicola trasparente in modo che non faccia la crosta e con un canovaccio perché resti al caldo, quindi lasciatelo riposare per 30 minuti.

Trascorso il tempo, ungete abbondantemente la teglia con 35 g di olio. Stirate l'impasto con un mattarello, avendo cura di mantenerlo della stessa forma della teglia ma un pochino più piccolo. Quindi trasferite l'impasto nella teglia: dovrà ricoprire circa il 70% della superficie. Coprite l'impasto con della pellicola trasparente e lasciatelo lievitare per 30 minuti.

Stendete quindi l'impasto fino a comprendere l'intera superficie della teglia, senza lasciare alcun bordo libero e avendo cura di eliminare varie bolle d'aria che potrebbero essersi formate sotto la superficie.

Coprite di nuovo l'impasto con della pellicola trasparente e lasciatelo lievitare per altri 60 minuti.

Terminata la lievitazione, spolverate abbondantemente di farina la superficie. Praticate dei buchi profondi e ben ravvicinati nell'impasto utilizzando i polpastrelli: evitate il pollice e il mignolo e cercate di tenere il palmo della mano il più possibile parallelo alla superficie.

Versate sulla superficie dell'impasto 20 g di olio e 50 ml di acqua salata tiepida (con soluzione salina al 5%, cioè 2,5 g sale in 50 ml di acqua). Mescolate bene acqua e olio con le dita, coprendo tutta la superficie dell'impasto e stando attenti a che l'acqua non si infili sotto la superficie.

Lasciate lievitare in un luogo caldo per altri 60 minuti, la pellicola non sarà necessaria.

Riscaldate il forno a 230°C e quindi infornate per 15 minuti. Appena la focaccia sarà dorata, toglietela dal forno, capovolgetela nella teglia e spennellate il fondo e la crosta con olio extravergine d'oliva. Lasciate raffreddare su una griglia in modo che passi aria e la focaccia resti bella croccante.

Palazzo Pallavicino, Genova

228 Genoese focaccia

● ● ○

Focaccia in Genoa is ubiquitous. You eat it all day long. The Genoese soak it in cappuccino for breakfast, and give it to kids as a snack at school; at lunch they stuff it with ham, it is offered at parties and finally it's the best companion to a glass of white wine for aperitivo. In the Middle Ages, it was the convivial bread par excellence. It was eaten in church during marriages and then again at funerals (which eventually annoyed the clergy who then forbade its consumption in church).

In Genoa, focaccia literally sells like hotcakes. Everyone buys at least one slice of focaccia with their daily bread. The bakeries bake it non-stop from the crack of dawn until mid-afternoon. And, because Genoese focaccia is at its ephemeral best when freshly baked (like so many good things, it doesn't stay fragrant for more than a day), the Genoese are known to wait silently in line at the bakery an extra 10 minutes to get their hands on a piece of hot focaccia sizzling with oil. Typically, less than half will arrive home because the rest will be devoured - almost unconsciously - en route, due to the fact that if the focaccia is hot, the bag must stay open to stop it going soggy, and you can imagine that irresistible scent right under your nose! In Genoa the focaccia is not just popped into your mouth: it is eaten upside down, the surface in touch with the tongue, to enhance the taste and texture.

If you buy focaccia at the bakery still hot from the oven early in the morning, you are already on the trail of a very good focaccia. You will recognize the perfect focaccia if it is thin (maximum 2 cm thick), studded with dimples (called "œggi" or eyes), has a white and creamy center, is golden and bright with oil (a focaccia must almost leak oil), if it's crispy outside and soft inside, salted on the surface and never sour (which can happen if it's kneaded with poor olive oil). Then there are variations on the theme, such as the very traditional focaccia with onions, the one with sage or rosemary and the one with olives. Each bakery indulges on toppings as they please, so there are focaccia with cherry tomatoes, others with various vegetables and so on, all of these less traditional and more "contemporary".

Ingredienti
Makes a rectangular baking tray 30x40 cm (12x15 inches)
- 370 g (13 oz) of flour
- 180 g (6 fl oz) of lukewarm water
- 8 g (0.3 oz) of fresh baker's yeast (or 4 g of active dry yeast)
- 6 g (0.2 oz) of malt
- 18 g (0.6 oz) of extra virgin olive oil
- 7 g (0.2 oz) of salt
- 35 g (1.2 oz) of extra virgin olive oil to grease the pan
- 20 g (0.7 oz) of extra virgin olive oil for the top
- 50 ml (1.7 fl oz) of brine (5% solution: 50 ml/1.7 fl oz of water, 2.5 g/0.08 oz of salt)
- 2 tablespoons of extra virgin olive oil to brush the focaccia once cooked

Procedure
Pour flour, malt, salt and most of the water into the bowl of the mixing machine with the dough hook. Add the crumbled brewer's yeast and, once incorporated, add the oil, always stirring at low speed. If you use active dry yeast add it to the other ingredients according to the instructions on the label. Knead for 5 minutes at low speed.

Once you have incorporated the oil (maybe you have used your hands), add the remaining water and continue to knead on a medium speed for

6-7 minutes. The dough is perfect when it's very elastic and difficult to tear when pulled.

Tip and scrape the dough from the bowl onto the worktop, fold it like a book, then (pages down), flatten it slightly into a rectangle and let it rest for 30 minutes on a floured board with the fold facing down. Cover it with cling film so that it doesn't dry on top, and then a tea towel on top to keep it warm.

After 30 minutes grease a rectangular baking pan (30x40 cm) with 25 g (0.8 oz) of oil, and roll the dough with a rolling pin into a shape slightly smaller than the pan. Transfer the dough to the pan (it should cover an area of about 70% of the pan).

Let it rise for 30 minutes, covered again with cling film. After this second rise, stretch the dough until you fill the pan completely, leaving no edge free. Take care to eliminate any air bubbles below the dough. Let it rise again for 1 hour, always covered with cling film.

Dust well with flour and make deep holes quite close together using your fingertips (exclude your thumb and little finger and try to keep the palm of your hand parallel to the dough). Pour 20 g (0.7 oz) of oil over the dough and 10-15 ml (0.4 fl oz) of warm salted water (a 5% saline solution of 5 g/0.2 oz salt per 100 ml/3.3 fl oz of water).

Mix the water and oil together with your fingers, covering the whole surface of the dough, being careful that the water does not go under the dough.

Let it rise for another 1 hour under cling film in a warm place.

Pre-heat the oven to 230°C (450°F) and bake for 15 minutes.

As soon as the surface is golden, remove the focaccia from the oven, turn it upside down, remove it from the pan and brush the bottom and the top crust with extra virgin olive oil. Let it cool on a wire rack to keep it crispy.

230 *Sardenaira*

● ● ○

La sardenaira è un piatto di origine medievale tipico dell'estremo Ponente Ligure. La sua veneranda età le ha fatto conquistare tanti nomi. A Sanremo si chiama "sardenaira", probabilmente perché in origine la ricetta prevedeva le sardine salate, che vennero sostituite dalle acciughe a partire dal dopoguerra. A Imperia è conosciuta come "pissalandrea", in onore dell'ammiraglio genovese Andrea Doria, nato a Oneglia e, pare, grande estimatore del piatto. Si chiama "pisciarà" a Bordighera, "pisciadela" a Ventimiglia e "pisciarada" nell'alta val Nervia. Ad Apricale si trasforma invece in "macchetusa", perché mutua direttamente il nome dal "machetto", una salsa al mortaio a base di acciughe salate.

In ogni caso non chiamatela pizza! A Sanremo e dintorni è fieramente chiamata "torta", proprio per distinguerla dalla pizza napoletana.

Ingredienti

Dosi per una teglia da forno rettangolare di 30x40 cm
Per la base
- 200 g di farina 00
- 170 g di farina Manitoba (oppure 00)
- 180 ml di acqua tiepida
- 10 g di lievito di birra fresco
- 18 g di olio EVO
- 25 g di olio EVO per ungere la teglia
- 7 g di sale
- 6 g di zucchero

Per la salsa
- 400 g di passata di pomodoro
- 3 acciughe salate
- 1 cucchiaio di olive taggiasche (o altre olive nere piccole)
- 1 cucchiaio di capperi sotto sale
- 5-6 spicchi d'aglio non sbucciati
- 2 cipolle bianche
- 4 cucchiai di olio EVO
- Origano essiccato q.b.
- Sale q.b.

Procedimento

Sciogliete il lievito di birra in 100 ml d'acqua (presi dalla dose complessiva), aggiungete lo zucchero e mescolate bene.

Mischiate le farine in una ciotola e formate un cratere al centro, quindi versate dentro l'acqua, il lievito sciolto, l'olio e il sale. Impastate fino a quando tutta la farina non sarà stata incorporata; aggiungete l'acqua restante un po' alla volta, fino ad ottenere un impasto compatto. Spolverate di farina il piano da lavoro, adagiatevi l'impasto e impastate con le mani per 5 minuti, fino ad ottenere un impasto morbido, liscio ed elastico.

Mettete l'impasto in una ciotola unta d'olio e coprite quest'ultima con della pellicola trasparente. Lasciate riposare l'impasto per 2 ore o fino al raddoppio del volume.

Terminata la lievitazione, tirate fuori l'impasto, adagiatelo nella teglia abbondantemente unta d'olio e allargatelo con le dita fino a raggiungere i bordi.

Vino
Vermentino Riviera Ligure di Ponente DOC

Coprite con pellicola trasparente
e lasciate riposare per altri 60 minuti.

Dissalate i capperi lasciandoli
a bagno 10 minuti in acqua dolce
e pulite le acciughe salate. Pelate
e affettate finemente le cipolle,
quindi fatele stufare in padella
con 4 cucchiai d'olio per 10 minuti
a fuoco medio. Se necessario,
aggiungete 1 cucchiaio d'acqua
perché non arrostiscano. Aggiungete
la passata di pomodoro e cuocete
a fuoco lento, mescolando spesso,
finché il volume della salsa non si
riduce di circa un terzo. Aggiustate
di sale e lasciate raffreddare.
Preriscaldate il forno a 210°C.

Quando la base della "pizza" è pronta,
versateci sopra la salsa e aggiungete le
olive, i capperi, i filetti d'acciuga e gli
spicchi d'aglio non sbucciati.
Condite con un filo d'olio, salate
e spolverizzate di origano.
Infornate per circa 25 minuti mettendo
la teglia nel ripiano inferiore del forno.

La sardenaira deve essere colorata
in superficie, morbida, ma con una base
ben cotta e croccante. Sfornate, tagliare
a pezzi quadrati e servite calda
o a temperatura ambiente.

Taggia, Riviera di Ponente

234 *Sardenaira*

Sardenaira is a dish of medieval origin from Westernmost Liguria. For its venerable age it has worn many names. It is called "sardenaira" in Sanremo, probably because salted sardines were originally used on top (replaced with anchovies since the post-war period). In Imperia it is known as "pissalandrea", as a tribute to the Genoese admiral Andrea Doria, born in Oneglia and it seems, a great admirer of the dish. It's called "pisciarà" in Bordighera, "pisciadela" in Ventimiglia and "pisciarada" in the upper Val Nervia. While in Apricale it turns into "macchetusa" because it takes its name from "machetto", a sauce made of salted anchovies in the mortar.
Call it any of these names, but don't call it pizza! In Sanremo and surroundings it is called "torta" (cake) just to proudly distinguish it from Neapolitan pizza.

Ingredients
Makes a rectangular baking tray 30x40 cm (12x15 inches)
For the dough
- 200 g (7 oz) of all-purpose plain flour
- 170 g (6 oz) of Manitoba (strong) flour
- 180 ml (6 fl oz) of lukewarm water
- 10 g (0.3 oz) of fresh baker's yeast (or 5 g of active dry yeast)
- 18 g (0.6 oz) of extra virgin olive oil
- 25 g (0.8 oz) of extra virgin olive oil to grease the pan
- 7 g (0.25 oz) of salt
- 6 g (0.2 oz) of sugar

For the topping sauce
- 400 g (1 can) of tomato passata
- 3 salted anchovies
- 1 tablespoon of Taggiasca olives (or other small black olives)
- 1 tablespoon of salted capers
- 5-6 unpeeled garlic cloves
- 2 white onions
- 4 tablespoons of extra virgin olive oil
- Dried oregano
- Salt

Procedure
Dissolve the yeast in 100 ml (3.3 fl oz) of lukewarm water taken from the total, add the sugar and mix well.

Pour the flour into a bowl, make a crater in the center, pour in the water, the dissolved yeast, oil and salt. Knead until all the flour has been incorporated, adding the remaining water a little at a time until you get a dough that stays together.

Dust the work surface with flour, lay the dough on it and knead with your hands for 5 minutes until you get a soft, smooth and elastic dough. If it is too wet add some flour little by little.

Let the dough rest in a bowl greased with oil and covered with plastic wrap for two hours or until it doubled in volume.

Take out the dough, spread it to the edges in the greased pan with your fingers.

Cover with plastic wrap and let it rest for another hour.

Wine
Vermentino Riviera Ligure di Ponente DOC

During the rise, prepare the sauce for the topping. Rinse the capers well in fresh water and rinse and debone the anchovies. Peel and finely slice the onions, then saute in a shallow pan with 4 tablespoons of oil for 10 minutes. Add the tomato sauce and cook on low fire until the sauce is reduced by about a third, stirring often. Add salt to taste and leave to cool. Preheat the oven to 210°C (410°F).

When the "pizza" base is ready, pour the onion tomato sauce on top, add the olives, capers, anchovy fillets and unpeeled garlic cloves. Season with a little oil, add salt and sprinkle with the oregano.

Bake for about 25 minutes, with the pan on the lower shelf of the oven.

Sardenaira should be colored on the surface, soft, but with a well-cooked and crunchy base. Remove from the oven, cut into square pieces and serve hot or at room temperature.

236

Pasta matta
Classic Ligurian puff pastry dough

La pasta matta è una caposaldo della cucina ligure. Si tratta di un impasto non lievitato a base di farina, acqua, olio extravergine d'oliva e sale che viene lavorato molto a lungo e poi lasciato riposare perché acquisisca una notevole elasticità. Quindi viene steso a mano in sfoglie sottilissime, quasi trasparenti, da utilizzare per preparare tutte le torte di verdura per cui la cucina ligure è famosa.

Ingredienti
Dosi per 1 torta salata
- **300 g di farina 00 o Manitoba**
- **120 ml di acqua a temperatura ambiente**
- **2 cucchiai di olio EVO**
- **1 pizzico di sale**

Procedimento
Versate la farina sulla superficie del lavoro e create un ampio cratere al centro. Versate all'interno i 2 cucchiai di olio e l'acqua. A poco a poco, con la punta delle dita, iniziate a incorporare la farina nell'acqua facendola scendere dai bordi. Non dovete incorporare tutta la farina: basta aggiungere quella necessaria a ottenere un impasto molto morbido e liscio che non si appiccica più alle mani. La giusta morbidezza dell'impasto è uno dei segreti per poterlo successivamente stendere sottile come un velo.

Mettete da parte l'eventuale farina in eccesso e lavorate la pasta con le mani per circa 5 minuti, piegandola, stirandola e battendola sul piano di lavoro.

Se la pasta si attacca alle mani, spolverate la superficie da lavoro con un velo di farina e continuate a impastare. La "pasta matta" sarà pronta quando sarà liscia ed elastica e quando, impastandola, non si attaccherà più al piano da lavoro.

Dividetela in 3/5 palline della stessa misura (a seconda del numero di sfoglie che vorrete preparare), copritele con della pellicola trasparente e lasciatele riposare a temperatura ambiente per almeno 30 minuti.

A questo punto, la pasta matta è pronta per essere usata nella preparazione di moltissime torte salate liguri.

Di seguito trovate alcune delle ricette più famose che hanno la pasta matta come base.

Pasta matta is a cornerstone of Ligurian cuisine. It is an unleavened dough made with flour, water, oil and salt that is kneaded for a long time and then left to rest to develop a remarkable elasticity. It is then stretched by hand in thin sheets, almost transparent, and used to prepare all the vegetable cakes for which Ligurian cuisine is famous.

Ingredients

Makes 1 quantity of "pasta matta"

- 300 g (10 oz) of all-purpose flour or Manitoba (strong white) flour
- 120 ml (3.3 fl oz) of water, room temperature
- 2 tablespoons of extra virgin olive oil
- 1 pinch of salt

Procedure

Pour the flour on the work surface, and create a wide well in the center. Pour the water into the well with 2 tablespoons of oil. With the tips of your fingers, stir the liquids in the centre of the well, drawing in the flour from the edges of the well little by little. Just keep drawing the flour in until you have a very smooth ball of very soft dough (the dough's softness is one of the secrets to stretching it as thin as a veil).

Set aside any excess flour and start kneading with your hands for about 5 minutes. If it sticks to your hands, just dust the worktop with a little flour and continue kneading.

The dough will be ready when it is smooth and elastic and when, kneading it, it stops sticking to the worktop anymore.

Divide it into 3 or 5 balls of the same size (depending on the number of sheets you want to prepare), cover them with plastic wrap and let them rest at room temperature for at least 30 minutes.

After resting, the dough is ready to be used in the preparation of many Ligurian savory pies.

Below, some of the most famous recipes that have pasta matta as a base.

Sori, Riviera di Levante

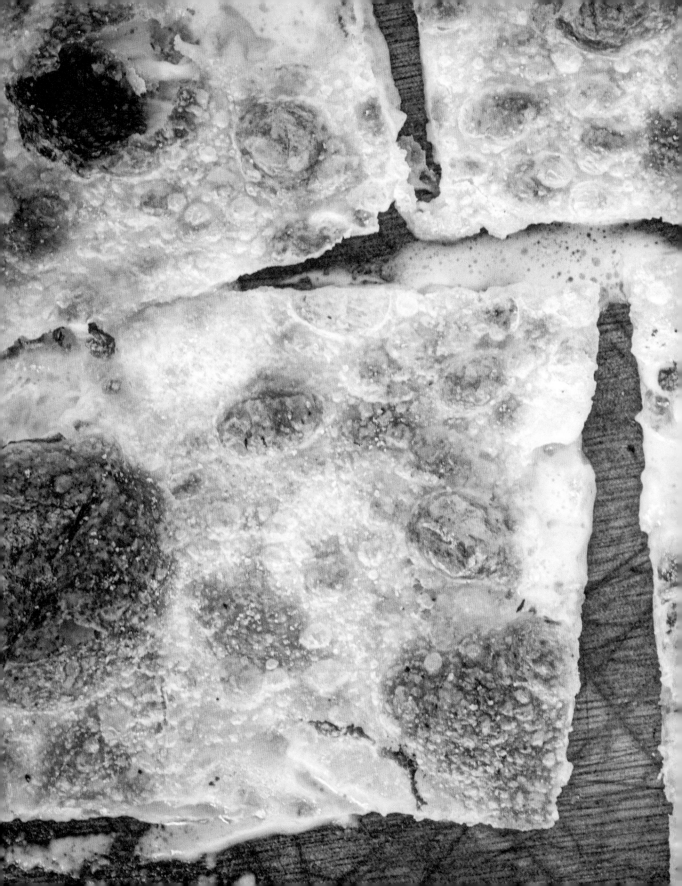

240 Focaccia al formaggio
Cheese focaccia

La focaccia al formaggio non è una focaccia. È una torta salata composta da due sottilissimi strati di pasta matta (vedi ricetta a pag. 236) che racchiudono un ripieno di morbido e scioglievole formaggio. La terra natia della focaccia al formaggio è il Golfo Paradiso, in particolare il paese di Recco e i limitrofi Camogli, Uscio e Avegno. Lì è possibile gustare la focaccia originale, quella prodotta solo con il formaggio fresco dell'entroterra e certificata con il marchio IGP (Indicazione Geografica Protetta). La focaccia è però così popolare nell'intera Regione che oggi la si può trovare pressoché in tutti i forni del territorio

Ingredienti
Dosi per una teglia rettangolare da 30x40 cm o rotonda da 32 cm di diametro
Per la pasta
• 1 dose di pasta matta (vedi ricetta a pag. 236)
Per il ripieno
• 500 g di crescenza o stracchino

Procedimento
Prima di tutto, preparate la "pasta matta" secondo la ricetta di pag. 236.

Dividete l'impasto in 3 palline, copritele con della pellicola o un panno umido e lasciatele riposare per 30 minuti.

Preriscaldate il forno a 280°C e ungete la teglia con olio extravergine d'oliva.

Su una superficie ben infarinata stendete una delle palline di pasta con il mattarello, fino a ottenere uno spessore di circa un millimetro. Sollevate delicatamente la pasta, appoggiatela sul dorso di una mano e, con l'altra, tirate delicatamente i lembi per stendere ulteriormente l'impasto.

Coprite la teglia con la sfoglia così ottenuta e versateci sopra un velo d'olio extravergine d'oliva. Ripetete l'operazione con un'altra pallina di pasta.

Dividete il formaggio in pezzi della dimensione di una noce e distribuitelo uniformemente sulla pasta. Coprite il formaggio con l'ultimo strato di pasta finemente sfogliata, anche aiutandovi con le mani. Tagliate via la pasta in eccesso dai bordi e arrotolateli all'interno per sigillare il ripieno.

Strappate l'impasto in superficie per creare alcuni piccoli fori che faranno uscire l'aria durante la cottura.

Irrorate d'olio extravergine d'oliva e cospargete con un pizzico di sale.

Cuocete nella parte bassa del forno per circa 6-8 minuti o fino a quando la pasta sarà dorata e croccante.
Il formaggio deve solo sciogliersi, non cuocere. Servite calda!

Vino - Wine
Vermentino Colli di Luni DOC

This "cheese focaccia" is not a focaccia bread. It is a savory pie consisting of two very thin layers of "pasta matta" (see recipe at page 237) enclosing a filling of soft and melting cheese. This "cheese pie" is native to the Paradise Gulf east of Genoa, in particular Recco and the neighboring villages of Camogli, Uscio and Avegno. There, you can taste the authentic focaccia di Recco, made by just a few traditional restaurants and bakeries, with fresh cheese from the hinterland, certified as an IGP product. Its popularity has spread throughout the Region and today, versions can be found in almost every bakery in the territory.

Ingredients

Makes a rectangular baking tray 30x40 cm (12x15 inches) or a round 32 cm (12.5 inches) across

For the dough
- 1 quantity of "pasta matta" (see page 237)

For the filling
- 500 g (1 lb) of crescenza or stracchino cheese

Procedure

Prepare the "pasta matta" (classic Ligurian puff pastry dough) according to the recipe at page 237.

Divide the dough in 3 small balls of the same size, cover with cling film or a damp cloth and leave at room temperature for at least 30 minutes.

Preheat the oven to 280°C (536°F) and grease the shallow baking tray or tin with extra virgin olive oil.

Take one ball of dough - do not knead it anymore! - and roll with a rolling pin on a surface well dusted with flour. Roll until 1 mm (0.04 inch) thick. You can also use your hands to stretch the dough: when you have rolled it into a thin disk, put it on the back of one hand and with the other gently stretch the borders of the dough in all directions. You should obtain a disc wide enough to cover the cake tin and overhang the edges by a couple of centimetres (about 1 inch).

Cover the cake tin with the rolled dough and grease the surface with a very thin film of extra virgin olive oil. Repeat the same operation with another ball of dough.

Divide the cheese into nuggets the size of a walnut and spread them out evenly on the surface of the stretched dough. Roll and stretch the last layer of dough to cover the nuggets of cheese. Tidy up the excess dough from the edges, rolling the layers up to together to seal in the filling. Make a few holes in the top layers to vent the steam when baking and sprinkle with salt and extra virgin olive oil.

Bake in the lower part of the oven for about 6-8 minutes or until the dough is golden and crispy: the cheese should just melt without colouring or burning. Serve hot!

242

Torta Pasqualina

La torta Pasqualina è la regina delle torte salate liguri. Come suggerisce il nome, era tradizione portarla in tavola il giorno di Pasqua. Proprio perché dedicata a questa festività, si narra che una volta le cuoche genovesi la preparassero con 33 strati di sottilissima pasta sfoglia, tanti quanti gli anni di Cristo. Le uova lasciate intere all'interno, invece, sono il simbolo della sua rinascita.

Il ripieno è fatto con bietole oppure, nella versione "elitaria", con i carciofi (meglio se d'Albenga), e prescinseua, il formaggio fresco tipico dell'entroterra genovese. Poiché questo formaggio è difficile da trovare fuori Genova, suggerisco di sostituirlo con ricotta mista a yogurt greco o panna acida. Se avete a disposizione la prescinseua, usatela!

Ingredienti

Dosi per una tortiera rotonda di 22-24 cm di diametro

Per la pasta
- 1 dose di pasta matta
  (vedi ricetta a pag. 236)

Per il ripieno
- 5 carciofi
- 500 g di bietole
  (oppure 2 carciofi in più)
- 6 uova
- 150 g di ricotta
- 100 g di panna acida o
  yogurt greco
- 3 cucchiai di Parmigiano
  grattugiato
- 30 g di burro non salato
- 1 cipolla piccola
- ½ limone, il succo
- 1 cucchiaio di farina
- 4 cucchiai di olio EVO
  (più quello per ungere)

- 1 cucchiaio di foglie di
  maggiorana o prezzemolo
  finemente tritate
- Sale q.b.
- Pepe q.b

Procedimento

Prima di tutto, preparate la "pasta matta" secondo la ricetta di pag. 236.

Dividete l'impasto in 6 palline, copritele con della pellicola o un panno umido e lasciatele riposare per 30 minuti.

Sciacquate le bietole, sbollentatele, scolatele, strizzatele bene e tritatele finemente.

Pulite i carciofi privandoli delle foglie esterne più dure, delle punte e della barbetta centrale. Tagliateli a fette non molto sottili e, per evitare che anneriscano, tuffateli in una ciotola d'acqua fresca dove avrete spremuto ½ limone.

Fate rosolare la cipolla in padella con 4 cucchiai d'olio extravergine d'oliva, fino a quando non sarà leggermente dorata. Scolate bene i carciofi a fettine e versateli nella padella con la cipolla. Abbassate la fiamma e lasciate cuocere per 10 minuti o fino a quando i carciofi saranno diventati morbidi, rimescolando di tanto in tanto. Aggiungete le bietole e fate rosolare tutto per altri 5 minuti.

Levate quindi le verdure dal fuoco, mettetele in una ciotola e aggiungete il Parmigiano, 2 uova e la maggiorana tritata. Mescolate bene e regolate di sale e pepe.

In un'altra ciotola mescolate la ricotta con lo yogurt e aggiungete un cucchiaio raso di farina. Aggiungete anche questo alle verdure e mescolate.

Preriscaldate il forno a 180°C e ungete la tortiera con olio extravergine di oliva.

Su una spianatoia ben infarinata, stendete una delle palline di pasta che avevate lasciato a riposare aiutandovi con un mattarello oppure a mano (rovesciandola sul dorso delle vostre mani e tirandola in tutti i versi). Continuate fino ad ottenere una sfoglia

Vino
Ormeasco di Pornassio
Sciac-tra DOC

sottilissima e sufficientemente ampia da coprire la tortiera e fuoriuscire dai bordi. Non lesinate sulla farina mentre stendete la pasta!

Adagiate quindi la sfoglia sulla teglia stando ben attenti a non strapparla, poi spennellatela con olio extravergine d'oliva. Ripetete l'operazione con altre 2 palline di pasta.

Terminata la base di pasta a 3 sfoglie, versatevi dentro il ripieno, stendendolo in modo uniforme.

Con un cucchiaio ricavate 4 profonde "fossette" simmetriche all'interno del ripieno. Riempite ogni fossetta con un fiocchetto di burro, apritevi dentro un uovo e cospargete ogni uovo con un pizzico di pepe e di sale.

Coprite la torta con le altre 3 sfoglie, seguendo lo stesso procedimento descritto sopra. Ricordatevi di ungere ogni sfoglia prima di sovrapporre la successiva!

Terminata la copertura, tagliate la pasta in eccesso lungo i bordi della teglia e ripiegatela verso l'interno per sigillare l'impasto e creare il bordo. Ungete ancora la superficie.

Infornate e cuocete per circa 45 minuti o fino a quando la pasta sui bordi vi sembrerà ben dorata e croccante.

Servite tiepida o fredda (il giorno dopo è sempre più buona!).

246 Savory Easter pie

Torta Pasqualina is the queen of Ligurian savory pies. As the name suggests, it was a traditional dish for Easter day. It is historically recorded that the devout cooks of Genoa prepared this dish with 33 layers of thin puff pastry to symbolize each year of Christ's life, while the whole eggs inside are a symbol of his rebirth. The filling is made with chard or, in the elitist version, with artichokes and presciunseua, a fresh cheese from the Genoese hinterland. Since this cheese is hard to find outside Genoa, I suggest replacing it with ricotta mixed with Greek yogurt.

Ingredients

Makes a round baking tray
22-24 cm (8-9 inches)
in diameter

For the dough
- 1 quantity of "pasta matta" (see page 237)

For the filling
- 5 artichokes
- 500 g (1.1 lb) of swiss chard (or 2 more artichokes)
- 6 eggs
- 150 g (5.2 oz) of ricotta cheese
- 100 g (3.5 oz) of sour cream or Greek yoghurt
- 3 tablespoons of grated Parmesan cheese
- 30 g of unsalted butter
- 1 small onion
- Juice of ½ a lemon
- 1 tablespoon of flour
- 4 tablespoons of extra virgin olive oil (plus extra to grease)

Wine
Ormeasco di Pornassio
Sciac-tra DOC

- 1 tablespoon of fresh marjoram or parsley, finely chopped
- Salt
- Pepper

Procedure

Prepare the "pasta matta" (classic Ligurian puff pastry dough) according to the recipe on page 237.

Divide the dough into 6 balls of equal size, cover with cling film and leave to rest at room temperature for at least 30 minutes.

Rinse the chard, blanch, drain, squeeze well and chop finely.

Clean the artichokes by removing the hardest outer leaves, the tips and the central beard. Cut them into slices (not too thin), and immerse them in a bowl of fresh water into which you have squeezed half a lemon to prevent them from discoloring.

Sauté the onion in a pan with 4 tablespoons of extra virgin olive oil until lightly golden. Drain the artichokes well, and introduce them to the pan with the onion to cook gently,

stirring occasionally, for 10 minutes or until the artichokes are soft and tender. Add the chard and cook for another 5 minutes.

Remove the vegetables from the heat, put them in a bowl and add the Parmesan cheese, 2 eggs and chopped marjoram. Mix well and season to taste with salt and pepper.

In a separate bowl, mix the ricotta cheese with the yogurt and add a spoonful of flour. Add this to the vegetables, and stir well.
Preheat the oven to 180° C (356°F).

Grease a baking tray or pan of 22-24 cm (8-9 inches) in diameter with extra virgin olive oil.

On a well floured board, roll out one of the balls of dough with a rolling pin or by hand (laying it on the back of your hand and pulling the edges in all directions) until it becomes a thin sheet wide enough to cover the cake tin and overhang the edges. Don't skimp on the flour while rolling out the dough!

Lay the stretched dough over the pan, taking care not to tear it, and brush with extra virgin olive oil.

Repeat the operation with another 2 balls of dough, so you have 3 layers in the base of the tin or pan. Spread the filling evenly on top.

With a teaspoon make 4 deep symmetrical depressions in the filling. Fill each with a flake of butter, then crack an egg inside. Sprinkle each with a pinch of salt and pepper.

Cover the cake with another 3 sheets of dough, in the same way you made the layers for the base. Remember to oil each sheet before putting the next on top. When the last layer is in place, tidy the excess dough around the edges, rolling them upward together and into the edges of the dish to seal in the filling.

Brush again with olive oil and bake for about 45 minutes until the dough is golden brown and crispy on the edges. Serve warm or cold (it will be even better the next day!).

248

Torta baciocca
Savory potato pie

● ● ○

La torta baciocca è originaria della Val Penna, una valle della Liguria orientale, nell'entroterra di Chiavari.
In questa terra boscosa, le patate di montagna sono una risorsa preziosa e da sempre sono declinate in moltissimi piatti.
La torta baciocca, tradizionalmente, viene cotta nei forni a legna all'aperto sotto pesanti campane di ghisa roventi.
Per conferirle un sapore leggermente tannico, poi, è usanza avvolgerla in foglie di castagno bagnate, che le donne raccolgono d'estate.

Ingredienti
Dosi per una tortiera rotonda da 25 cm di diametro
Per la pasta
- 1 dose di pasta matta (vedi ricetta a pag. 236)

Per il ripieno
- 1 kg di patate a pasta bianca
- 50 g di lardo o guanciale (circa 1 fetta)
- 200 ml di latte
- 6 cucchiai di Parmigiano grattugiato
- 1 cipolla bianca media
- 2 cucchiai di farina 00
- 3 cucchiai di olio EVO
- 1 cucchiaio di prezzemolo tritato
- 1 cucchiaio di sale fino
- Pepe q.b.

Procedimento
Sbucciate le patate e tagliatele a fettine molto sottili, quindi mettetele a bagno in una ciotola piena d'acqua fredda dove avrete sciolto un cucchiaino di sale fino. Lasciate riposare per circa 30 minuti.

Nel frattempo preparate la "pasta matta" secondo la ricetta a pag. 236. Dividete l'impasto in 3 palline, copritele con della pellicola o un panno umido e lasciatele riposare per 30 minuti.

Tritate finemente il lardo e la cipolla e fateli soffriggere in padella con 2 cucchiai d'olio. Aggiungere anche il prezzemolo tritato e lasciate soffriggere a fuoco lento fino a quando la cipolla sarà bionda e traslucida.

Spegnete il fuoco e versate il soffritto in una ciotola capiente. Aggiungete il bicchiere di latte, 2 cucchiai di farina e 4 cucchiai di Parmigiano grattugiato. Regolate di sale e pepe.

Scolate le patate, asciugatele tamponando con un canovaccio da cucina e aggiungetele nella ciotola. Mescolate delicatamente con un cucchiaio o con le mani.

Preriscaldate il forno a 190°C e foderate la tortiera con carta da forno.

Se la tortiera ha un diametro inferiore di 25 cm fa lo stesso: la torta verrà più alta, ma sarà necessario lasciarla cuocere 5-10 minuti di più.

Prendete una delle palline di pasta e stendetela con un mattarello su una superficie ben infarinata, fino ad ottenere un disco dello spessore di 1 mm.

Coprite la teglia con la sfoglia così ottenuta (dovrà fuoriuscire dai bordi di un paio di centimetri) e ungetela con un velo d'olio. Ripetete l'operazione con le altre 2 palline, stendendo ogni volta un velo d'olio tra uno strato di pasta e l'altro.

Versate quindi il ripieno nella teglia, rivoltate un po' la pasta verso l'interno per creare un bordo e cospargete la superficie con i 2 cucchiai di Parmigiano rimasti.

Infornate e cuocete per 40 minuti o fino a quando la superficie sarà ben dorata e i bordi della pasta ben cotti. Se la superficie si colora troppo rapidamente, coprite con un foglio di carta da forno. Servite tiepida.

Vino - Wine
Ciliegiolo Golfo del Tigullio
Portofino DOC

Torta baciocca is one of the most venerable dishes of Val Penna, a valley in Eastern Liguria, in the backcountry of Chiavari. In this forested land, potatoes, actually Mountain potatoes, were a mainstay of every kitchen and are used to prepare many recipes. Traditionally this pie is cooked in outdoor wood-burning ovens under heavy hot cast iron bells. To give a slightly tannic flavor to the cake, it is customary to wrap the cake in wet chestnut leaves, which the women collect in the summer.

Ingredients

Makes a round baking tray 25 cm (10 inches) in diameter

For the dough
- 1 quantity of "pasta matta" (see page 237)

For the potato filling
- 1 kg (2 lb) of white potatoes
- 50 g (1.7 oz) of lardo or bacon (about 1 slice)
- 200 ml (6.7 fl oz) of milk
- 6 tablespoons of grated Parmesan cheese
- 1 medium onion
- 2 tablespoons of 00 flour
- 3 tablespoons of extra virgin olive oil
- 1 tablespoon of flat leaf Italian parsley, chopped
- 1 tablespoon of fine salt
- Pepper

Procedure

Peel the potatoes and slice very thinly. Put the slices in a bowl of lightly salted cold water and leave to sit for about 30 minutes.

In the meantime, prepare the "pasta matta" (classic Ligurian puff pastry dough) according to the recipe on page 237. Divide the dough into 3 equal balls and let them rest on a plate or dish, covered with plastic wrap or a damp cloth for 20 minutes.

Chop the lardo (or bacon) and the onion finely and sautè them in a pan with 2 tablespoons of oil. Add in the chopped parsley and let fry on low heat until the onion has become golden and translucent.

Turn off the heat and pour the "soffritto" of onion and lardo into a large bowl. Add the milk, 2 tablespoons of flour and 4 tablespoons of grated Parmesan cheese. Season with salt and pepper.

Drain the potatoes, pat them dry with a tea towel or absorbent paper and add to the bowl. Gently mix everything with a spoon or with your hands.

Preheat the oven to 190°C (370°F) and line a 25 cm (10 inch) diameter baking tin with parchment paper (you can use a smaller one too; it doesn't matter: the cake will be higher and you'll need to cook it for 5-10 minutes more).

Take one of the balls of dough and roll it out with a rolling pin on a well-floured surface until you get a disc of about a millimeter thick.

Cover the base of your cake tin with the dough (it should overlap the edges by 2-3 cm or 1 inch) and brush over a thin veil of olive oil. Repeat with the other balls of dough, spreading some oil between each layer of dough and the next.

Spread the potato mixture evenly over the layers of dough, then turn the overlapping edges upward and roll them to contain the filling. Sprinkle the remaining 2 tablespoons of Parmesan cheese across the top.

Bake for 40 minutes or until the surface is golden brown and the rim golden and crisp. Serve warm.

Via Garibaldi, Genova

252 Torta di riso
Savory rice pie

Non c'è forno o "sciamadda" del centro storico di Genova che non sforni ogni giorno una torta di riso. Sebbene il riso non sia un prodotto ligure, la sua presenza nella nostra cucina è dovuta agli intensi traffici commerciali che i liguri hanno sempre intrattenuto sia con i paesi che affaciano sul Mediterraneo sia con le regioni del nord Italia. La torta di riso, poi, è un esempio di come in Liguria piatti davvero semplici possano essere irresistibili.

Ingredienti
**Dosi per una tortiera
di 24-26 cm di diametro**
Per la pasta
- **1 dose di "pasta matta"
  (vedi ricetta a pag. 236)**
Per il ripieno
- **200 g di riso bianco arborio**
- **1 L di latte intero**
- **250 g di prescinseua (si può
  sostituire con 150 g di
  ricotta + 100 g di yogurt
  greco)**
- **3 uova**
- **1 cipolla piccola**
- **3 cucchiai di Parmigiano
  grattugiato**
- **Olio EVO q.b.**
- **Noce moscata q.b.**
- **Sale q.b.**
- **Pepe q.b.**

Procedimento
Preparate la "pasta matta" secondo la ricetta di pag. 236. Dividete l'impasto in 5 palline uguali, avvolgetele nella pellicola trasparente e fatele riposare in frigo per almeno 30 minuti.

Nel frattempo, portate a ebollizione il latte. Aggiunte il riso e un pizzico abbondante di sale. Fate cuocere a fuoco basso, mescolando di tanto in tanto fino a quando il riso non sarà al dente. Quindi spegnete la fiamma, versate il riso e il latte in una ciotola e lasciate raffreddare.

Mentre il riso cuoce, affettate finemente la cipolla e fatela rosolare a fuoco molto basso in 2 cucchiai d'olio, fino a quando non sarà passita e dorata.
Preriscaldate il forno a 220°C. Ungete la tortiera con olio extravergine d'oliva.

Prendete le palline di pasta che avete lasciato riposare in frigo e, su una spianatoia ben infarinata, stendetene una aiutandovi con un mattarello oppure a mano, fino a quando non sarà sufficientemente ampia da coprire la tortiera e fuoriuscire dai bordi.
Adagiatela quindi sulla teglia.

Spennellate la pasta di olio extravergine d'oliva e ripetete l'operazione con altre 2 palline di pasta.

Terminata la base di pasta a tre sfoglie il riso si sarà già raffreddato e potrete preparare il pieno: aggiungete al riso 2 tuorli d'uovo e 1 albume, le cipolle passite, la prescinseua e il Parmigiano. Se l'impasto risulta troppo sodo, aggiungete un cucchiaio di latte. Regolate di sale, pepe e noce moscata.

Versate l'impasto nella teglia e ricoprite con altre 2 sfoglie di pasta stese come sopra, ricordandovi di spennellare con olio extravergine d'oliva ogni volta. Terminata la copertura, girate i bordi della pasta per sigillare l'impasto, avendo cura di non lasciare buchi.

Infornate per circa 30 minuti o fino a quando la pasta sui bordi non vi sembrerà ben dorata e croccante.

Vino - Wine
Colline di Levanto
Vermentino DOC

There is no bakery or traditional eatery in the historic center of Genoa that does not bake this rice pie daily. Although rice is not a product of Liguria, its presence in our cuisine is thanks to the busy trade that the Ligurians have always entertained with the countries around the Mediterranean and the regions of Northern Italy.
Rice cake or pie then, is an example of how really simple dishes become irresistible in Liguria.

Ingredients

To make a round pie 24-26 cm (9-10 inches) in diameter

For the dough

- 1 quantity of "pasta matta" (see recipe at page 237)

For the filling

- 200 g (1 cup) of white rice
- 1 litre (4 cups) of whole milk
- 250 g (8.7 oz) of prescinseua cheese (or 150 g/5.3 oz of ricotta cheese + 100 g/3.5 oz of Greek yogurt)
- 3 eggs
- 1 small onion
- 3 tablespoons of grated Parmesan cheese
- Extra virgin olive oil
- Nutmeg
- Salt
- Pepper

Procedure

Prepare the puff pastry dough "pasta matta" (classic Ligurian puff pastry dough) according to the recipe on page 237. Divide the dough in 5 small balls of the same size, cover with cling film and leave to rest in the fridge for at least 30 minutes.

Boil the whole milk in a saucepan. Add the rice and a generous pinch of salt. Cook over a low heat, stirring from time to time until the rice is al dente. Remove from the heat, pour in a bowl and leave the rice and milk to cool.

While the rice cools, slice a small onion, put it in a skillet with 2 tablespoons of extra virgin olive oil and fry over a low heat for 5 minutes until soft and golden. Grease the cake tin with extra virgin olive oil.

Preheat the oven to 220°C (425 °F) .

Take one of the dough balls from the fridge (leave the others in the cool for now) and roll it with a rolling pin or by hands on a worktop well dusted with flour. Roll it out to 1 mm thick (as thin as a credit card) and wide enough to cover the cake tin, overhanging the edges by 2-3 cm (about 1 inch).

Cover the cake tin with the rolled dough and brush the surface of the dough with a thin veil of extra virgin olive oil. Repeat the same operation with two more dough balls, remembering to oil the surface between each layer.

Prepare the filling: to the rice, add 2 egg yolks and 1 egg white, the golden onions and the cheeses (the ricotta and Parmesan cheese and the Greek yogurt). If the filling seems too thick, add a tablespoon of milk. Adjust with salt, pepper and nutmeg to taste.

Pour the filling into the cake tin and cover with another two layers of thinly rolled dough (with a veil of olive oil between) as described above. Roll the edges to seal the filling, being careful not to tear holes in the pastry.

Cook in the oven for about 30 minutes or until the dough is golden and crispy.

254

Torta verde
Savory vegetable and rice pie

La torta verde è tipica del Ponente Ligure, specialmente della città di Imperia e dei paesi limitrofi. Si differenzia dalla Torta Pasqualina e dalle altre torte di verdura liguri soprattutto per la presenza del riso, che completa la sua cottura in forno assorbendo i sapori delle verdure del ripieno (generalmente bietole).

Ingredienti
**Dosi per una teglia rotonda
da circa 30 cm di diametro**
Per la pasta
- **1 dose di "pasta matta"
  (vedi ricetta a pag. 236)**
Per il ripieno
- **1 kg di bietole**
- **100 g di riso**
- **3 uova**
- **6 cucchiai di Parmigiano
  grattugiato**
- **2 cucchiai di olio EVO**
- **Noce moscata q.b.**
- **Sale q.b.**
- **Pepe q.b.**

Procedimento
Bollite il riso in acqua salata
e scolatelo a metà cottura.

Pulite le bietole, privatele della costa bianca più dura e bollitele in acqua leggermente salata per tre minuti. Scolatele, strizzatele e tritatele finemente con un coltello.

Preparate la "pasta matta" secondo la ricetta a pag. 236. Dividete l'impasto in 2 palline, copritele con carta da forno e fatele riposare per almeno 20 minuti.
Preriscaldate il forno a 180°C.
Nel frattempo preparate il ripieno: in una ciotola, unite le bietole tritate finemente, il riso, le uova, l'olio e il Parmigiano. Aggiungete una grattata di noce moscata e un'abbondante macinata di pepe fresco. Per ultimo, regolate di sale.
Ungete abbondantemente la teglia.

Stendete le palline di pasta in 2 sfoglie con l'aiuto del mattarello e delle le mani.

Foderate la teglia con una prima sfoglia spessa 2 mm, versatevi dentro il ripieno, livellate bene e coprite con una sfoglia più sottile. Sigillate i bordi e irrorate d'olio la superficie.

Cuocete in forno per 35 minuti o fino a quando la crosta risulterà croccante. Servite fredda, anche il giorno dopo.

Vino - Wine
Lumassina Colline
Savonesi IGT

This savory pie is typical of Western Liguria, especially the city of Imperia and neighboring counties. It differs from Torta Pasqualina and the other Ligurian savory pies because of the rice inside, which finishes cooking by absorbing the flavors and juices of the vegetables in the filling (usually chard).

Ingredients

To make a round pie 30 cm (12 inches) in diameter

For the dough
- 1 quantity of "pasta matta" (see page 237)

For the filling
- 1 kg (2.2 lb) of chard
- 100 g (3.5 oz) of rice
- 3 eggs
- 6 tablespoons of grated Parmesan cheese
- 2 tablespoons of extra virgin olive oil
- Nutmeg
- Salt
- Pepper

Procedure

Boil the rice in salted water and drain halfway through cooking.

Clean the chard, cutting out the hardest white stalks and boil in lightly salted water for 3 minutes. Drain, squeeze dry and chop finely with a knife.

Prepare the "pasta matta" (classic Ligurian puff pastry dough) according to the recipe on page 237. Divide the dough into 2 balls and allow to rest, covered with plastic wrap or a damp tea towel for at least 20 minutes.

Meanwhile, preheat the oven to 180°C (350°F) and prepare the filling. In a bowl, add the finely chopped chard, par-cooked rice, eggs, oil and Parmesan cheese, and stir to combine. Add a little grated nutmeg and a generous grind of fresh pepper. Season to taste with salt. Generously grease a baking pan of about 30 cm (12 inches) in diameter.

Roll out the balls of dough in 2 sheets with the help of the rolling pin and your hands. Your layers should overlap the pan by 2-3 cm (1 inch).

Line the pan with a first slightly thicker sheet of pastry (a couple of millimeters thick), pour in the filling and make it level, then cover with a thinner sheet of pastry. Pull up the overlapping edges and turn them inward to contain the filling and drizzle olive oil over the top.

Bake in the oven for 35 minutes or until the crust is crispy. Serve cold: it tastes even better the next day!

257

Dolci - Desserts

258

Pandolce
"Sweet bread"

● ○ ○

Ogni città possiede un dolce che rappresenta il Natale: a Genova è il pandolce ("u pandüçe", in genovese), una ricetta di origine medioevale. Secondo alcuni, la nascita di questo dolce è dovuta ad un concorso per pasticcieri indetto intorno al 1500 dal Doge Andrea Doria. La sfida era creare un dolce che, donato alle corti estere, rappresentasse la ricchezza e la magnificenza di Genova. Allo stesso tempo, però, doveva essere abbastanza duraturo per affrontare lunghi viaggi in mare. La ricetta che trovate qui è quella del pandolce "basso", realizzato con il lievito per dolci e friabile quasi quanto un biscotto. Esiste anche la versione più antica, il pandolce "alto", realizzato con lievito di pasta madre e frutto di una lunghissima lievitazione.

Ingredienti
Dosi per 3 panettoncini da 500 g
- 560 g di farina 00
- 440 g di uvetta sultanina
- 190 g di burro a temperatura ambiente
- 100 ml di latte intero
- 1 uovo
- 190 g di scorza d'arancia candita
- 50 g di pinoli
- 150g di zucchero
- 9 g di lievito in polvere
- 30 ml di acqua di fiori d'arancio amaro
- 1 baccello di vaniglia (i semi)
- 1 g (¼ di cucchiaino) di polvere di coriandolo
- 1 g (½ cucchiaino) di semi di finocchio

Procedimento
Nella planetaria (o con un frullino) lavorate il burro a temperatura ambiente con lo zucchero e i semi di vaniglia fino ad ottenere una crema soffice e liscia. Aggiungete le uova e impastate in modo che le uova si incorporino perfettamente e l'impasto monti leggermente.

In un pentolino, intiepidite il latte con l'acqua di fiori d'arancio amaro (idealmente 40°C).

Aggiungete il latte all'impasto e, subito dopo, aggiungete la farina, il lievito, il coriandolo e i semi di finocchietto. Impastate per 2-3 minuti e quindi aggiungete i pinoli, l'arancia candita e l'uvetta sultanina. Impastate ancora a bassa velocità per 2 minuti. Preriscaldate il forno a 200°C.

Rovesciate l'impasto su un piano da lavoro ben infarinato. Formate un grosso salsicciotto e dividetelo in 3 parti uguali e formate delle palle lisce rotolando l'impasto sul piano di lavoro.

Mettete i panettoncini su teglie ricoperte di carta da forno, distanziandoli l'uno dall'altro di almeno 6 cm. Appiattite leggermente l'impasto con le mani e incidete sulla superficie il caratteristico triangolo.

Infornate e fate cuocere a 200°C per 40 minuti o fino a quando uno stecchino di legno infilato nel dolce non ne uscirà perfettamente asciutto. Lasciate raffreddare completamente prima di servire. Dopo 3-4 giorni è ancora più buono!

Vino - Wine
Moscato della Riviera Ligure di Ponente DOC

Every city has a dessert that represents Christmas: in Genoa it is the pandolce ("u pandüçe", in Genoese), a recipe of medieval origin. Legend has it that the dessert was created in a competition for pastry chefs announced in the year 1500 by the Doge Andrea Doria. The challenge was to create a dessert that represented the wealth and magnificence of Genoa and could be sent as a gift to foreign courts, so it had to endure the rigours of a long journey by sea or overland. The recipe given here is that of the "low" pandolce, made with baking powder and almost as crumbly as a biscuit, but the oldest version, the "high" pandolce, is made with sourdough yeast and a very long slow rise.

Ingredients
Makes 3 "panettoncini"
(small cakes) of 500 g
(17.5 oz) each
- 560 g (19.7 oz) of all purpose flour
- 440 g (15.5 oz) of raisins
- 190 g (6.7 oz) of butter at room temperature
- 100 ml (3.5 fl oz) of whole milk
- 1 egg
- 190 g (6.7 oz) of candied orange peel
- 50 g (1.7 oz) of pine nuts
- 150 g (5.2 oz) of granulated sugar
- 9 g (0.3) of baking powder
- 30 ml (1 fl oz) of bitter orange blossom water
- 1 vanilla bean, the seeds
- 1 g (¼ teaspoon) of coriander powder
- 1 g (½ teaspoon) of fennel seeds

Procedure
In the mixer (or with a whisk), whisk the soft butter with the sugar and vanilla seeds until you have a soft smooth cream. Add the egg, and beat evenly into the butter mix.

In a saucepan, warm the milk to blood heat with the bitter orange blossom water (just about 40°C/104°F).

Add the warm milk to the dough and, immediately after, add the flour, baking powder, coriander and fennel seeds. Mix on medium speed for 2-3 minutes and then add the pine nuts, candied orange and raisins. Mix these through at low speed for 2 minutes.

Preheat the oven to 200°C (392°F).

Turn out the dough on a well floured worktop and divide it into three equal parts, rolling each into a smooth ball. Place the panettone on baking sheets covered with baking paper, spacing one from the other by at least 6 cm (2.3 inches). Slightly flatten the dough with your hands and engrave the characteristic triangle on the surface.

Transfer to the oven and cook for 40 minutes or until a toothpick stuck in the cake comes out clean and dry. Allow the cakes to cool completely before serving. They taste even better after 3 or 4 days!

262 *Bugie*
Sweet fritters

Montagne di bugie dalle forme frastagliate più diverse e abbondantemente cosparse di zucchero a velo si trovano in tutti forni della Liguria durante i giorni di Carnevale. A Vallebona, un piccolo paesino nell'entroterra di Ventimiglia, si preparano invece a fine maggio per festeggiare la raccolta dei fiori d'arancio amaro. Da questi si produce infatti la famosissima acqua, aroma ricorrente in tutta la pasticceria ligure e usato anche in questa ricetta. La ricetta che trovate qui è quella tradizionale di Vallebona.

Ingredienti
Dosi per 8 persone
- 250 g di farina 00
- 1 uovo
- 50 g di zucchero semolato
- 60 ml di acqua di fiori di arancio amaro o vino bianco secco
- 1 g di lievito per dolci (½ cucchiaino da caffè)
- 1 pizzico di sale
- 15 g di olio EVO (2 cucchiai)

Inoltre
- 1,5 L di olio di semi di arachide per friggere
- Acqua di fiori di arancio amaro q.b.
- Zucchero semolato per guarnire q.b.

Procedimento
Impastate tutti gli ingredienti (a mano o con la planetaria) fino ad ottenere un impasto perfettamente liscio ed omogeneo. Avvolgete l'impasto nella pellicola trasparente e fatelo riposare per 30 minuti a temperatura ambiente.

Stendete la pasta con la macchina o con un mattarello, fino ad ottenere lo spessore di 1 mm circa.

Mette a scaldare l'olio di arachidi in un pentolino dai bordi alti.

Ritagliate le bugie a forma di quadrati o rettangoli e friggetele immediatamente (la pasta non deve seccare), girandole una volta per farle dorare uniformemente.

Scolatele e spruzzate sulla superficie abbondante acqua di fiori d'arancio amaro. Una volta asciutte, spolverate le bugie con zucchero semolato.

Vino - Wine
Moscato Golfo del Tigullio
Portofino DOC

Mountains of sugar dusted "bugie", of different jagged shapes can be found in all Ligurian bakeries during the days of Carnival. In Vallebona, a little village in the hinterland of Ventimiglia, they are prepared at the end of May to celebrate harvest of the bitter orange blossom. From the blossom, they make the famous bitter orange flower water, an aroma often used in Ligurian pastry and here too, in this traditional recipe from Vallebona.

Ingredients
Serves 8
- 250 g (2 cups) of all purpose flour
- 1 egg
- 50 g (1.7 oz) of granulated sugar
- 60 ml (2 fl oz) of bitter orange blossom water or dry white wine
- 1 g (½ teaspoon) of baking powder
- 1 pinch of salt
- 15 g (2 tablespoons) of extra virgin olive oil

Also
- 1.5 lt (50 fl oz) of peanut oil for frying
- Bitter orange blossom water
- Fine or powder sugar to garnish

Procedure
In a large bowl, knead all the ingredients together by hand (or with the dough hook in the mixer), until you have a perfectly smooth, consistent and silky dough. Wrap the dough in cling film and leave to rest for at least 30 minutes.

Roll the dough with a rolling pin until you obtain a layer of 1 mm thickness (as thin as a credit card). Heat the peanut oil in a wide deep pan.

With a pasta cutter, cut the dough in small squares or rectangles of 2-3 cm (1 inch) per side and fry immediately (the dough should not dry), turning them at least once to color them evenly.

Drain well, spray generously with orange blossom water and dust generously with fine or powdered sugar.

266 Castagnaccio
Chestnut tart

Il castagnaccio è uno dei dolci caserecci più frugali e antichi della tradizione ligure, preparato con quella farina di castagne che per secoli ha salvato le popolazioni dell'entroterra dalla carestia. Un tempo il castagnaccio veniva cotto nei forni a legna e ancora oggi, in autunno, lo si trova in quasi tutte le gastronomie genovesi. Il sapore dolceamaro, tipico della farina di castagne, è arricchito da uvetta, pinoli e semi di finocchio.

Ingredienti
Dosi per una teglia rotonda di circa 20 cm di diametro
- 400 g di farina di castagne
- 300 ml di latte intero
- 350 ml di acqua fredda
- 100 g uvetta
- 30 g di pinoli
- 3 cucchiai di zucchero
- 3 cucchiai di olio EVO
- 1 pizzico di sale
- 1 cucchiaino di semi di finocchio

Procedimento
Mettete a bagno l'uvetta in acqua fredda per 10 minuti. Nel frattempo, preriscaldate il forno a 180°C.

In una ciotola, mescolate la farina di castagne, lo zucchero e il sale. Aggiungete l'acqua e il latte, poco a poco, mescolando per evitare che si formino grumi, fino ad ottenere una pastella liscia e omogenea.

Versate l'olio extravergine di oliva in una teglia rotonda di circa 20 cm di diametro e versateci la pastella.

Distribuite uniformemente l'uvetta sgocciolata, i pinoli e i semi di finocchio sulla superficie della pastella.

Cuocete per 40 minuti o fino a quando il castagnaccio si staccherà dai bordi della teglia, avrà un colore dorato e sulla superficie si formeranno le caratteristiche crepe. Servite caldo o a temperatura ambiente. È ottimo anche accompagnato da panna montata!

Vino - Wine
Passito di Ormeasco di Pornassio DOC

One of the most frugal and ancient homemade desserts in the Ligurian tradition, prepared with chestnut flour which saved the people of the hinterland from famine for centuries. It was once cooked in wood-fired ovens and today, in autumn, you still find it in almost all Genoese gastronomy. The bittersweet taste, typical of chestnut flour, is married with raisins, pine nuts and fennel seeds.

Ingredients
For a round cake about 20 cm (8 inches) diameter
- **400 g (14 oz) of chestnut flour**
- **300 ml (10 fl oz) of whole milk**
- **350 ml (11.8 fl oz) of cold water**
- **100 g (3.5 oz) of golden raisins**
- **30 g (1 oz) of pine nuts**
- **3 tablespoons of sugar**
- **3 tablespoons of extra virgin olive oil**
- **1 pinch of salt**
- **1 teaspoon of fennel seeds**

Procedure
Soak the raisins in cold water for 10 minutes. In the meantime, preheat the oven to 180°C (350°F).

Mix the chestnut flour, sugar and salt in a bowl. Add water and milk, a little at a time, stirring with a whisk to avoid lumps. The batter should look like a pancake batter, so depending on the quality of the flour, you may need a little more or less water to achieve this consistency.

Pour the extra virgin olive oil in a round baking pan of approx 20 cm (8 inches) diameter. Pour the batter inside. It should be no more than 1 cm (⅓ inch) thick.

Scatter the drained raisins and pine nuts evenly across the top, then finish with the fennel seeds.

Bake for about 40 minutes or until you see little cracks appear all over the top. Do not overbake or it will become very dry. Allow to cool in the pan. In modern times, this can be served with whipped cream!

268 *Canestrelli*

● ○ ○

Questo dolce è il re dei biscotti liguri. Pare sia nato più di cinque secoli fa a Torriglia, un paesino della val Trebbia, nell'entroterra genovese. Qui, ancora oggi ogni estate si celebra il "Festival del canestrelletto di Torriglia", organizzato dall'associazione dei produttori locali. Il paese, seppur piccolo, vanta ben otto pasticcerie, ciascuna delle quali prepara i canestrelli secondo la propria ricetta segreta!

Ingredienti
Dosi per 15-20 biscotti
- **250 g di farina debole (tipo 0 o 00)**
- **150 g di burro**
- **80 g di zucchero**
- **1 tuorlo**
- **1 limone non trattato, la scorza grattugiata**
- **Albume d'uovo**
- **Zucchero a velo per decorare**

Procedimento
Lasciate il burro fuori dal frigo per 5-10 minuti.

Se impastate a mano, mettete su una spianatoia la farina, ponetevi al centro il burro a dadini e iniziate ad impastare con i polpastrelli fino ad ottenere un impasto sabbioso. Aggiungete quindi lo zucchero e, da ultimo, il tuorlo d'uovo e la scorza di limone. Impastate quanto basta per tenere insieme il composto.

Se invece usate l'impastatrice, mettete tutti gli ingredienti direttamente nel boccale e azionate il mixer per 1-2 minuti, fino a quando l'impasto è omogeneo e sta insieme.

In entrambi i casi l'impasto va lavorato poco per mantenere la friabilità del biscotto.

Formate un panetto con l'impasto, avvolgetelo nella pellicola trasparente e fatelo riposare in frigo per almeno 30 minuti.

Rivestite una placca con la carta da forno e preriscaldate il forno a 180°C.

Tirate fuori l'impasto dal frigo e, su una spianatoia ben infarinata, stendetelo con il mattarello allo spessore di circa 1 cm.

Tagliate i biscotti con un tagliabiscotti a forma di fiore di almeno 5 cm di diametro, praticando poi al centro un foro di circa 1,5 cm di diametro.

Posizionate i biscotti sulla placca da forno e spennellateli con albume d'uovo.

Infornate e cuocete per circa 20 minuti, fino a quando i biscotti avranno raggiunto una doratura chiara. Quando sono freddi, spolverateli con abbondante zucchero a velo e servite!

Vino - Wine
Moscato Golfo del Tigullio
Portofino DOC

This dessert is the king of Ligurian cookies. It seems that it was created more than five centuries ago in Torriglia, a village in Val Trebbia, in the Genoese hinterland. The "Torriglia Canestrelletto Festival" organized by the association of local producers is still celebrated here every summer. The country, although small, boasts eight pastry shops, each with its own secret recipe for these cookies!

Ingredients
Makes 15-20 biscuits
- 250 g (2 cups) of all purpose flour
- 150 g (5 oz) of butter
- 80 g (6 tablespoons) of sugar
- 1 egg yolk
- 1 organic lemon, the grated zest
- Egg white
- Powder sugar for decorating

Procedure
Allow your butter to soften outside the fridge for 5-10 minutes.

If you knead with your hands, put the flour on the working surface and make a well in the center. Rub the flour quickly into the dough with your fingertips to form a crumbly dough. Add the sugar and work again. Finally, add the egg yolk and the grated lemon peel . Work the dough just until compact and no more.

If you use the dough hook in the machine, put all the ingredients in the bowl and mix on a medium speed until the dough is just compact.

To make crumbly cookies, do not overwork the dough. Make a ball, wrap in plastic wrap (cling film) and let the pastry rest in the cool fridge for at least 30 minutes.

Pre-heat the oven to 180°C (350°F) and line a baking tray with parchment paper.

Take the dough from the fridge, generously dust the worktop with flour, then roll the dough with a pin to 1 cm (0.3 inch) thick. Using a cookie cutter with a flower shape of at least 5 cm (2 inches) across, cut out the cookies, making a hole in the center of about 1,5 cm (0,6 inches) width.

Place the cookies onto the baking tray leaving some space in between. Bake for 20 minutes or until lightly golden. When cold, dust generously with powdered sugar.

272 *Gobeletti*

● ○ ○

Sia la Riviera di Levante che quella di Ponente rivendicano la paternità dei gobeletti. Nel Golfo del Tigullio si chiamano "cubeletti", nel finalese "gobeletti". Si tratta di piccole torte a forma di coppetta chiuse da un "cappello" di pasta. Generalmente, il ripieno è composto da marmellata. Le ricette tradizionali del Levante parlano di marmellata di mele cotogne; quelle del Ponente, invece, di marmellata di chinotto. I vecchi libri di cucina genovese suggeriscono anche di riempirli con crema pasticcera.

In passato i gobeletti erano i dolci tipici del giorno di Sant'Agata, il 5 febbraio, oppure riservati per le occasioni speciali, Natale incluso. Oggi si trovano tutto l'anno nella maggior parte dei forni e delle pasticcerie liguri, solitamente ripieni di marmellata di albicocche.

Ingredienti
Dosi per 6-8 gobeletti
- 375 g di farina 00
- 225 g di burro a temperatura ambiente
- 125 g di zucchero semolato
- 3 tuorli
- 1 pizzico di sale
- 1 cucchiaio di acqua di fiori d'arancio amaro
- Marmellata di albicocche q.b.
- Zucchero a velo q.b.

Procedimento
Versate la farina a fontana sul piano da lavoro. Al suo interno versate lo zucchero, il burro, i tuorli d'uovo, il sale e l'acqua di fiori d'arancio amaro. Mescolate tutti gli ingredienti con la punta delle dita per ottenere un impasto sabbioso, e poi impastate velocemente, quanto basta per compattarlo. Formate una palla, avvolgetela nella pellicola trasparente e riponetela in frigo per almeno 30 minuti.

Preriscaldate il forno a 180 °C. Stendete l'impasto con il mattarello ad uno spessore di ½ cm circa. Con una formina rotonda tagliate dei cerchi di circa 10 cm di diametro, poi usateli per foderare degli stampini da muffin o stampi da tartine dentellati.

Farcite l'interno dello stampo con due cucchiaini di marmellata. Con una formina più piccola tagliate altri cerchi di pasta per ricoprire i pasticcini. Sigillate i bordi aiutandovi con i rebbi di una forchetta.

Infornate per 30 minuti o fino a quando i gobeletti saranno dorati. Sfornate e lasciate raffreddare. Decorate a piacere con zucchero a velo prima di servire.

Vino - Wine
Moscato di Taggia Riviera Ligure di Ponente DOC

Both the East and West sides of Liguria's coast claim paternity of gobeletti. In the Gulf of Tigullio they are called "cubeletti", in the region of Finale "gobeletti". They are baked pastry cups, topped with a pastry "hat" (probably the origin of the name). Inside, the filling is usually jam. Traditional recipes from the Eastern riviera suggest quince jam and those from the western side specify chinotto marmalade. The old cookbooks of Genoese cuisine also suggest a filling of custard.

Historically, gobeletti were sweets for Saint Agatha's Day on February 5, or for special occasions such as Christmas. Today they are sold all year round in most bakeries and pastry shops, usually filled with apricot jam.

Ingredients
Makes 6-8 gobeletti
- 375 g (13 oz) of all-purpose flour
- 225 g (8 oz) of unsalted butter at room temperature
- 125 g (4.4 oz) of caster sugar (cake sugar)
- 3 egg yolks
- 1 pinch of salt
- 1 tablespoon of bitter orange flower water
- Apricot jam
- Powdered sugar to garnish

Procedure
Pour the flour on the working surface, make a well in the centre and pour the sugar, butter, egg yolks, salt and bitter orange blossom water into the middle. Mix all the ingredients with your fingertips to obtain a sandy looking mixture and then knead quickly, just enough to compact the dough. Form a ball, flatten it slightly, wrap it in cling film or plastic wrap and put it in the fridge for at least 30 minutes.

Preheat the oven to 180°C (356°F). On a floured worktop, roll out the dough with a rolling pin to a thickness of about ½ cm (0.2 inch). With a cookie cutter, cut circles of about 10 cm (4 inches) across. Use your pastry discs to line the depressions in a muffin or patty tin.

Drop two teaspoons of jam into each of the cups. With another slightly smaller cutter, cut an equal number of pastry discs as lids for the tarts. use these to cover the tarts, sealing the edges with the help of a fork.

Bake for 30 minutes or until golden brown. Remove from the oven and allow to cool slightly before dusting with powdered sugar.

274 Quaresimali
Easter marzipan cookies

● ● ○

Come dice il nome, i quaresimali sono dolci tipici della Quaresima, il periodo dell'anno nel quale, secondo i dettami della Chiesa cattolica, sarebbe vietato il consumo di alimenti animali. Essi infatti in origine erano preparati solo con mandorle, zucchero e acqua di fiori d'arancio amaro. Pare che i quaresimali siano stati inventati nel lontano 1500 da un gruppo di monache genovesi che non volevano rinunciare a qualche piccolo peccato di gola anche durante questo periodo di penitenza.

Ingredienti
Dosi per 12-16 quaresimali
- 250 g di mandorle dolci pelate
- 25 g di mandorle armelline (mandorle amare, opzionali)
- 250 g di zucchero a velo (più quello necessario per spolverare il piano di lavoro)
- 2 albumi
- 15 ml di acqua di fiori d'arancio amaro
- 2 cucchiai di marmellata di fichi
- Zuccherini colorati e bianchi per decorare

Per la glassa
- 250 g di zucchero a velo
- 1 albume leggermente sbattuto
- ½ cucchiaino di succo di limone
- 1 cucchiaino di acqua

Procedimento

Nel mixer, con modalità a intermittenza, tritate finemente tutte le mandorle con lo zucchero a velo. Aggiungete tutta l'acqua di fiori d'arancio amaro. Aggiungete quindi l'albume di un uovo leggermente sbattuto (non deve incorporare aria), poco alla volta. Regolatevi ad occhio e al tatto: dovete ottenere un impasto dalla consistenza compatta e non appiccicosa. Avvolgetelo nella pellicola trasparente e tenetelo in frigo per almeno 1 ora.

Preriscaldate il forno a 160°C. Spolverate il piano di lavoro con zucchero a velo. Con un mattarello, stendete ⅓ della pasta dello spessore di circa 1 cm e ricavatene dei rombi.

Stendete la restante parte dell'impasto sempre dello spessore di 1 cm e ricavate dei dischi di circa 5 cm di diametro, aiutandovi con una tazzina o con un coppapasta. Create al centro un incavo per la glassa e decorate i bordi con i rebbi di una forchetta.

Reimpastate gli avanzi di pasta e create dei salsicciotti spessi circa un mignolo, quindi ricavatene delle piccole ciambelline.

Rivestite una teglia con carta da forno e stendeteci i dischi (tradizionalmente detti "marzapani"), i rombi (detti "mostaccioli") e le ciambelline (dette "canestrelletti"). Infornate per 10 minuti senza farli colorire (deve solo cuocere il bianco d'uovo). Lasciate raffreddare.

Unite i rombi a coppie con un velo di marmellata di fichi.

Preparate lo sciroppo di zucchero sciogliendo sul fuoco 2 cucchiai di zucchero in 1 cucchiaio d'acqua, poi usatene pochissimo per spennellare le ciambelline. Infine, decorare i canestrellini con gli zuccherini, meglio se bianchi.

Preparate la glassa fondente: mescolate lo zucchero a velo, l'albume e il succo di limone con un frullino. Poi aggiungete poche gocce d'acqua alla volta fino ad ottenere la giusta consistenza (liquida ma densa). Dividete la glassa in parti uguali e coloratela a piacere con i coloranti alimentari. Versate la glassa nei marzapani e decorate il centro con zuccherini colorati.

Vino - Wine
Granaccia passita Riviera Ligure di Ponente DOC

As the Italian name says, quaresimali are typical sweets of Lent, those weeks before Easter during which the Catholic Church once prohibited the consumption of meat or animal products. In fact, quaresimali were originally made back in the 1500s using only almonds, sugar and bitter orange blossom water, apparently invented by an order of Genoese nuns who couldn't quite give up all forms of gluttony during Lent.

Ingredients
Makes 12-16 cookies
- 250 g (8.8 oz) of sweet almonds
- 25 g (0.8 oz) apricot kernels (optional)
- 250 g (8.8 oz) of icing sugar (more to dust the worktop)
- 1 egg white
- 3 teaspoons of orange blossom water
- 2 tablespoons of fig jam
- Colored and white funfetti (sugar sprinkles, hundreds and thousands) to decorate

For the icing
- 250 g of icing sugar
- 1 egg white, lightly beaten
- ½ teaspoon of lemon juice
- 1 teaspoon of water

Procedure
In the mixer, finely grind almonds and apricot kernels (if using) with icing sugar using pulse mode. Add the bitter orange blossom water. Then, little by little, add the lightly beaten egg white (it should not be frothy). You are aiming for a compact non-sticky dough: adjust according to the look and feel of the mixture. Keep in the fridge at least 1 hour wrapped in plastic wrap (cling film).

Preheat the oven to 160°C (320°F). Sprinkle the work surface with icing sugar. With a rolling pin, roll out ⅓ of the dough about 1 cm (0.3 inch) thick and cut into identical diamonds.

Roll out another third of the mixture to the thickness of 1 cm (0.3 inch) and cut discs of about 5 cm (2 inches) across using a glass or cookie cutter. Make a slight hollow or dip in the center for the icing and decorate the edges with the tips of a fork.

Knead the remaining third of your dough and roll into little sausages about the size of your little finger. Join the ends to make small donuts.

Lay the discs (traditionally called "marzapani"), the diamonds (called "mostaccioli") and the donuts (called "canestrelletti") on a baking sheet lined with parchment paper and bake for 10 minutes (just to cook the egg white). Let them cool.

Sandwich the diamonds together with a veil of fig jam.

Brush the donuts with a little sugar syrup (melt 2 tablespoons of sugar in 1 tablespoon of water on the stove) and decorate them with the white funfetti.

Prepare the icing (frosting). Whisk together the icing sugar, egg white and lemon juice. If needed, add a few drops of water to thin the icing: you want it liquid enough to pour, but thick enough to coat the "marzapani". Divide the icing into two equal parts and dye with food color of your choice. Pour the icing into the center of the marzipani and decorate with colored funfetti.

Bordighera, Riviera di Ponente

278 Focaccia dolce
Sweet focaccia

Ingredienti
Dosi per 1 teglia rettangolare 28x32 cm o una rotonda di 34 cm di diametro
- 350 g di farina (175 g di farina 00 + 175 g di farina Manitoba)
- 1 uovo
- 8 g di lievito di birra fresco
- 120 ml di acqua
- 80 g di zucchero
- 1 cucchiaino di miele
- 60 g di olio EVO
- 2 cucchiai di acqua di fiori di arancio amaro
- ½ cucchiaino di sale

Per la superficie
- 3 cucchiai di olio EVO
- 3 cucchiai di acqua
- 3 cucchiai di zucchero
- 3 cucchiai di acqua di fiori di arancio amaro

Procedimento
Sciogliete il lievito nell'acqua e aggiungete il miele. Aggiungete 100 g di farina e mescolate bene. Coprite l'impasto con della pellicola trasparente e lasciatelo riposare in un luogo tiepido e umido per 30 minuti.

Mettete l'impasto nell'impastatrice e aggiungete, a frusta azionata e alternatamente, lo zucchero, la farina, l'uovo, l'acqua di fiori d'arancio amaro e l'olio versato a filo. Aggiungete per ultimo il sale. Lavorate l'impasto fino a quando non sarà liscio ed elastico.

Se lavorate l'impasto a mano, versate il pre-impasto e tutti gli ingredienti in una capiente ciotola, impastate fino a quando non staranno insieme, quindi rovesciate l'impasto sul piano di lavoro e impastatela vigorosamente a mano per almeno 10 minuti.

Formate una palla con l'impasto, riponetela in una ciotola leggermente unta d'olio e coprite la ciotola con della pellicola trasparente. Lasciate lievitare l'impasto in un luogo tiepido fino al raddoppio del suo volume (per circa 60-90 minuti).

Rimuovete l'impasto dalla ciotola e adagiatelo al centro della teglia unta d'olio, cercando di non sgonfiarlo. Lasciatelo lievitare per altri 30 minuti sempre coperto da pellicola.

Preriscaldate il forno a 200°C. Allargate delicatamente l'impasto con le mani fino ad arrivare ai bordi della teglia e, con le dita, realizzate sulla superficie i classici "buchi" da focaccia.

In un bicchiere, mescolate 3 cucchiai di acqua e 3 cucchiai di olio, poi versateli sulla superficie della focaccia.

Cuocete in forno per 25-30 minuti, fino a quando la focaccia non sarà leggermente dorata. Quindi estraetela dal forno, spennellatela di acqua di fiori d'arancio amaro e cospargetela di zucchero.

Rimettetela in forno per 4-5 minuti, alzando la temperatura a 230°C in modo che sulla superficie si crei la caratteristica crosticina.

Vino - Wine
Moscatello di Taggia Riviera Ligure di Ponente DOC

Ingredients

For a rectangular baking pan
28x32 cm (11x12.5 inches)
or round 34 cm (13 inches)
in diameter
- 350 g (12 oz) of flour
  (175 g/6 oz of all purpose
  flour + 175 g/6 oz of
  Manitoba flour)
- 1 egg
- 8 g (0.2 oz) of fresh baker's
  yeast (or 4 g/0.1 oz of
  active dry yeast)
- 120 ml (⅓ cup) of water
- 80 g (6 tablespoons)
  of sugar
- 1 teaspoon of honey
- 60 g (5 tablespoons)
  of extra virgin olive oil
- 2 tablespoons of bitter
  orange blossom water
- ½ teaspoon of salt

For the surface
- 3 tablespoons
  extra virgin olive oil
- 3 tablespoons of water
- 3 tablespoons of sugar
- 3 tablespoons of bitter
  orange blossom water

Procedure

Dissolve the yeast in the water and add the honey. Add 100 g (3.5 oz) of the flour, stir well and let this dough starter rest in a warm place, covered with plastic wrap (cling film) for 30 minutes. If you're using active dry yeast, follow the guidelines on the packaging.

Put the starter dough in the bowl of the mixing machine and add the sugar, flour, egg, bitter orange blossom water, oil and a pinch of salt. Knead the dough with the dough hook until it is smooth and elastic.

If you work the dough by hand, pour the dough starter and all the ingredients into a large bowl, knead with your hands until they stay together, then turn the dough on the worktop and knead vigorously with your hands for at least 10 minutes.

Move your smooth springy dough to a lightly greased bowl and leave to rise, covered with cling film (plastic wrap) in a warm place, until doubled in volume (60-90 minutes).

When risen, remove the dough gently (trying not to deflate it) to the middle of the baking pan greased with oil. Let it prove (rise) again for 30 minutes, covered with plastic wrap (cling film).

Preheat the oven to 200°C (392°F). Gently spread the dough to the edges of the pan by hand and, using your fingers, make the classic deep dimples of focaccia across the top.

Mix 3 tablespoons of water and 3 tablespoons of oil in a glass and brush liberally over the surface of the focaccia. Cook for 25-30 minutes, until slightly golden. Then remove it from the oven, brush with bitter orange blossom water and sprinkle with sugar. Put it back in the oven for 4-5 minutes, raising the temperature to 230°C (446°F) for these last few minutes to create the characteristic crust on top.

280

Sciumette

Le sciumette ("schiumette" in dialetto genovese) sono un dolce antico, elegante ma ormai quasi dimenticato. Pochi lo preparano ancora a casa e, personalmente, non conosco tanti ristoranti che lo servono nei loro menù. Le sciumette sono delle meringhe leggerissime che, invece di essere cotte al forno, sono bollite nel latte e poi servite su una delicata crema al pistacchio. Probabilmente frutto di una contaminazione transfrontaliera, sono le strette sorelle delle "iles flottantes" provenzali, conosciute oltreoceano come "floating islands".

Ingredienti
Dosi per 4-6 persone
- 5 uova
- 1 L di latte
- 100 g di zucchero a velo
- 60 g di pistacchi freschi tritati
- 1 cucchiaio di farina
- 1 pizzico di cannella in polvere

Procedimento

Preparate per prima cosa le sciumette: in una casseruola versate quasi tutto il latte (tenetene da parte mezzo bicchiere), mettetelo sul fuoco e portate a leggero bollore.

Nel frattempo montate gli albumi a neve con 50 g di zucchero finché non saranno belli sodi e lucidi. Versate quindi il composto a cucchiaiate (4/5 alla volta) nel latte che sobbolle. Le sciumette si gonfieranno leggermente. Giratele delicatamente con un cucchiaio. Fatele cuocere circa 1 minuto o fino a quando si saranno rassodate.

Tiratele fuori dalla casseruola con la schiumarola e fatele asciugare su carta assorbente da cucina. Ripetete l'operazione fino ad esaurimento dei bianchi montati a neve. Togliete dal fuoco il pentolino con il latte (vi servirà dopo).

In un altro pentolino, scaldate il mezzo bicchiere di latte messo da parte e aggiungete i pistacchi ben tritati (tenetene da parte un paio di cucchiaini per guarnire il piatto). Lasciate cuocere per 2-3 minuti, mescolando di tanto in tanto, poi togliete dal fuoco.

Passate al setaccio e aggiungete il latte aromatizzato al pistacchio a quello precedentemente messo da parte.

Preparate quindi la crema: aggiungete al latte il restante zucchero e i tuorli ben sbattuti e mescolate bene. Mettete di nuovo sul fuoco a fiamma molto bassa lasciate cuocere mescolando fino a quando la crema vela il cucchiaio.

Versate la crema nelle coppe, disponetevi sopra le sciumette e spolverizzate di cannella e granella di pistacchio.

Vino - Wine
Moscatello di Taggia Riviera
Ligure di Ponente DOC

Sciumette are an ancient, elegant dessert, but now, almost forgotten. Few people still make them at home, and I don't know any restaurants that serve them on their menus. Sciumette ("schiumette" or "little foams" in Genoese dialect) are very light meringues that are boiled in milk instead of being baked, and are then served on a delicate pistachio cream. They are close sisters (probably the result of cross-border pollination) of the "isles flottantes" from France, known in English as "floating islands".

Ingredients
Serves 4-6
- 5 eggs
- 1 lt (4 cups) of whole milk
- 100 g (3.5 oz) of caster sugar
- 60 g (2 oz) of pistachios, chopped
- 1 tablespoon of flour
- 1 pinch of powdered cinnamon

Procedure
Prepare the floating islands first. Pour the milk in a saucepan, keeping back half a glass, and bring to a simmer on the stove.

Meanwhile, separate the egg yolks from the whites and whip the whites until stiff, adding 50 g (¼ cup) of sugar. The egg white should be quite firm and shiny. Using two tablespoons, drop the mixture into the simmering milk (4/5 at a time). The floating island will swell slightly. Turn them gently with a spoon and cook them for about 1 minute or until they are firm.

Remove with the skimmer or slotted spoon and lay on absorbent kitchen paper. Repeat the operation until all the meringue is used up. Take the pan of milk off the heat (you will return to it shortly).

In another small pan, heat the remaining half glass of milk, then add the finely chopped pistachios (hold back a couple of teaspoons to use as garnish). Cook the nuts in the milk for 2-3 minutes, stirring from time to time.
Remove from the heat and strain.

Add the pistachio flavored milk to the reserved warm milk.

Now prepare the creamy sauce (similar to creme anglaise): return the saucepan of milk to a very low heat. Whisk in the remaining sugar and the beaten egg yolks. Cook gently, stirring all the while, until the cream is thick enough to coat the back of a spoon.

Pour the cream into small bowls, place a couple of floating islands on top and garnish with a sprinkle of cinnamon and the chopped pistachios.

283

Pesche ripiene al forno
Baked stuffed peaches

● ○ ○

Ingredienti
Dosi per 4 persone
- **5 pesche nettarine gialle**
- **100 g di amaretti**
- **50 g di albicocche disidratate**
- **50 g di cedro candito (o albicocche disidratate)**
- **10 g di mandorle armelline (mandorle amare, opzionali)**
- **30 g di burro**
- **30 g di zucchero**
- **50 ml di vino bianco secco**

Ingredients
Serves 4
- 5 round yellow peaches (or nectarines)
- 100 g (3.5 oz) of amaretti biscuits
- 50 g (1.7 oz) of candied lemon peel (or dried apricots)
- 50 g (1.7 oz) of candied dried apricots
- 10 g (0.3 oz) of bitter almonds (armelline, optional)
  30 g (1 oz) of butter
  30 g (1 oz) of sugar
  80 ml (3.5 fl oz) of dry white wine

Procedimento
Preriscaldate il forno a 180°C.

Lavate bene le pesche (si mangia anche la buccia), tagliatene 4 a metà, rimuovete i noccioli e scavate le cavità allargandole leggermente.

In un mixer, frullate le mandorle amare, i canditi, le albicocche, gli amaretti e la polpa di una pesca senza buccia. Dovete ottenere una crema di media densità: se risulta troppo fluida aggiungete amaretti, se troppo pastosa, del vino bianco.

Riempite con il composto la cavità delle otto mezze pesche e coprite anche i bordi, formando delle "cupole". Su ogni cupola mettete un fiocchetto di burro e una spolverata di zucchero

Adagiate le mezze pesche su una teglia imburrata e bagnata con un filo di vino bianco. Fate cuocere in forno per 30-45 minuti.

Procedure
Preheat the oven to 180°C (356°F).

Wash the peaches well, cut 4 of them in half, remove the pits or stones and hollow out the cavities to smooth and widen them slightly. Break the pits, taking out the seeds with a nutcracker (or use the bitter almonds).

Mix the seeds, candied fruit, amaretti and the pulp of one peeled peach in the mixer and blend together. You need a medium density cream. If the cream is too fluid, add amaretti, if it is too thick, add some wine.

Roll this mixture into as many small pebbles as you have peach halves and fill the cavity of each half peach. Dot each with butter and a sprinkle of sugar, and place them on a buttered baking tray or dish.

Splash each with a little more white wine before cooking for 30-45 minutes.

Vino - Wine
Passito di Ormeasco di
Pornassio DOC

284

Stroscia di Pietrabruna

● ○ ○

Pietrabruna è un piccolo borgo circondato da ulivi nell'entroterra di Imperia, sulla Riviera di Ponente. Il dolce che prende il nome da questo paesino è l'esempio perfetto di come la semplicità della cucina italiana spesso sappia stupire. Farina, olio e zucchero: pochi ingredienti di qualità combinati con sapienza sono sufficienti a preparare un ottimo dolce. Quella della stroscia di Pietrabruna è un'antica ricetta nata nella terra dell'olio extravergine d'oliva, e a questo rende omaggio. Il suo nome deriva dal verbo "strosciare", che in dialetto ligure significa rompere, spaccare: si tratta infatti di una torta friabile tradizionalmente spezzata con le mani e mai tagliata con un coltello.

Ingredienti
Dosi per una teglia rotonda di 35 cm di diametro
- 400 g di farina 00
- 150 g di zucchero semolato
- 120 ml di Vermouth o di Marsala
- 200 g di olio EVO
- 1 bustina di lievito per dolci
- 1 pizzico di sale
- 1 limone non trattato, la scorza grattugiata
- 2 cucchiai di zucchero semolato per spolverare la superficie

Procedimento
Preriscaldate il forno a 180°C.

Setacciate la farina con il lievito e lo zucchero. Formate una fontana sulla spianatoia, mettete un po' d'olio al centro e iniziate a impastare. Aggiungete olio e liquore, poco alla volta e alternandoli, e continuate a impastare energicamente. Aggiungete la scorza grattugiata del limone. Continuate a lavorare l'impasto fino ad ottenere la stessa consistenza di una pasta frolla. Se necessario, fermatevi prima di aver aggiunto tutto l'olio o, diversamente, aggiungete poche gocce d'acqua se l'impasto fatica a compattarsi.

Rivestite la teglia di carta forno, poi stendeteci sopra la pasta (deve avere uno spessore di circa 1 cm) e cospargetela con due cucchiai di zucchero semolato.

Cuocete in forno per circa 30 minuti o fino a quando la torta non sarà dorata in superficie e color nocciola ai bordi. Attendete che si raffreddi prima di servire spezzandola con le mani.

Vino - Wine
Moscato Riviera Ligure di Ponente DOC

Pietrabruna is a small village, surrounded by olive trees on the West Italian Riviera in the hinterland of Imperia, and Stroscia is a perfect example of how, in Italian cuisine, the simplest of ingredients can produce amazing results. The essentials here are flour, oil and sugar, mixed together by hand, then baked in the oven to complete the magic: just a few excellent ingredients, treated with care and combined with wisdom are enough to create an excellent Italian dessert. This is an ancient recipe from the land of extra virgin olive oil and it pays tribute to it. Its name derives from the dialect verb "stosciare" that in Ligurian dialect means to break with the hands. It is a crumbly cake traditionally broken by hand, never cut with a knife.

Ingredients
Makes a round cake pan 35 cm (14 inches) diameter
- 400 g (0.8 lb) of all-purpose flour
- 150 g (5.3 oz) of fine sugar (caster sugar)
- 120 ml (4.6 fl oz) of Vermouth or Marsala wine
- 200 g (7 oz) of extra virgin olive oil
- 16 g (0.5 oz) of baking powder
- 1 pinch of salt
- 1 organic lemon, the grated zest
- 2 tablespoons of caster sugar to dust on the surface

Procedure
Preheat the oven to 180°C (350°F).

Sift the flour with the baking powder and sugar. Tip it onto the worktop, make a well in the centre, and pour in a little oil. Stir this into the flour with your fingers. Add oil and wine, alternately, a little at a time, stirring flour and liquid together with each addition. Add the grated lemon zest and knead it gently together, working the dough until you get the consistency of shortcrust pastry. You might not need all the oil, and conversely, you might need to add a few drops of water if the dough struggles to hold together.

Line the baking pan with parchment paper. Press the dough into the baking pan 1 cm (0.3 inch) thick and sprinkle with two tablespoons of caster sugar.

Bake for about 30 minutes or until the cake surface is golden and the edges golden brown. Leave to cool before serving, breaking it by hand.

Manarola, Cinque Terre

Vini liguri

La Liguria, quasi interamente montuosa e collinare, non è una Regione a vocazione agricola, eppure in queste terre la vite viene coltivata con successo da molti secoli. I vini liguri sono fatti dalla pietra, dal sole e dal respiro del mare. La Liguria gode di una ricca varietà di vitigni autoctoni. In passato la vite veniva coltivata dai marinai nei periodi in cui non erano imbarcati. Talee di vite raccolte nei punti più impensati del Mediterraneo durante i lunghi viaggi arrivavano qui e, spesso, ci rimanevano. Nei secoli, questi vitigni si sono adattati ai terreni impervi della Liguria, diventandone parte integrante e rappresentativa.

I principali **vitigni liguri a bacca bianca** sono:

- **Vermentino**: coltivato in tutta la Liguria, si vinifica soprattutto in purezza. Il vino è di colore giallo paglierino scarico con riflessi dorati; il profumo è intenso, fruttato, il sapore secco ma di buona morbidezza e sapido. Si accompagna ad antipasti freddi o caldi di mare, primi piatti con salse di pinoli o noci, pesci lessi o al cartoccio.

- **Pigato**: presente prevalentemente in provincia di Imperia e Albenga. Di colore giallo paglierino, ha un profumo ampio, intenso e fruttato; il sapore è secco ma piacevolmente morbido, caldo e sapido. Accompagna antipasti a base di funghi, primi con salsa di noci e secondi piatti a base di pesce conditi con erbe aromatiche.

- **Bianchetta**: vitigno autoctono coltivato nel Genovesato e nel golfo del Tigullio. Ha caratteristici odori minerali e di macchia mediterranea e caratterizza i vini bianchi DOC della Val Polcevera e del Golfo del Tigullio.

- **Lumassina**: detto anche "Mataossu", è un vitigno dell'entroterra di Noli, Varigotti e Finale. Produce un vino di colore giallo paglierino scarico con riflessi verdognoli; il profumo è delicato con sentori di erbe; il sapore secco, molto fresco. Accompagna bene fritti, antipasti a base di salse e pesci grassi.

- **Bosco**: vino autoctono, spina dorsale dei bianchi delle Cinque Terre. Genera vini minerali, sapidi, quasi salmastri, probabilmente anche perché viene coltivato così vicino al mare. Generalmente viene abbinato ad altri vitigni come Albarola e Vermentino.

Tra i **vitigni liguri a bacca rossa** troviamo invece:

• **Rossese**: vitigno coltivato in numerose località della provincia di Imperia. Produce vini di colore rosso rubino e dall'odore delicato, caratteristico, vinoso. Il sapore è asciutto, delicato, morbido e amarognolo. Quello prodotto in Val Nervia prende la DOC "Rossese di Dolceacqua". Accompagna bene primi piatti conditi con sughi di carne o cacciagione, carni con funghi, selvaggina, capretto e agnello, formaggi pecorini leggermente stagionati.

• **Ormeasco**: vitigno coltivato nella stessa zona ponentina del Rossese. Il vino prodotto nella Valle Argentina (entroterra di Imperia e Albenga) prende la DOC "Ormeasco di Pornassio". Presenta un colore rosso rubino; il profumo fragrante ma vinoso del vino giovane diventa ampio, persistente con sentori di ciliegia quando affinato; il sapore, asciutto e ruvido da giovane, si fa caldo e morbido invecchiando. Se giovane, accompagna bene paste ripiene condite con sughi di carne; se affinato coniglio, selvaggina e formaggi stagionati.

• **Granaccia**: vitigno presente principalmente nell'entroterra di Savona. Produce un vino asciutto, di colore rosso intenso con orli violacei da giovane, che si fa rubino vivace dopo un giusto affinamento. Da giovane ha odore vinoso e fragrante, che successivamente si fa ampio e persistente con sentori di frutti boschivi e resine; il sapore è asciutto, caldo, morbido e vellutato. Accompagna bene selvaggina, tartufi, faraona, funghi e formaggi lievemente stagionati.

Per quanto riguarda invece i **vini liguri con Denominazione di Origine Controllata (DOC)**, troviamo:

• **Riviera Ligure di Ponente**: nelle varianti Pigato, Vermentino e Rossese a seconda del vitigno di produzione, a cui può essere aggiunta la sotto-denominazione della zona di produzione: Riviera dei Fiori, Albenganese e Finalese.

• **Val Polcevera**: vini bianco, rosso, rosato, bianchetta genovese e vermentino prodotti nell'entroterra di Genova, lungo il torrente Polcevera. Tra questi il più famoso è il Bianco di Coronata, prodotto nell'entroterra ponentino di Genova sulle colline di Coronata e Marengo, per secoli vino del genovesato per eccellenza.

Di colore giallo paglierino scarico con lievi riflessi dorati, ha un profumo intenso, con sentori di erbe e sapore secco leggero. Accompagna antipasti di mare, frittelle con verdure e baccalà, minestrone alla genovese, torte di verdura e focacce.

• **Golfo del Tigullio**: denominazione riservata ai vini (bianco, rosato e rosso) prodotti sulle colline che circondano Genova. Tra questi spicca la Bianchetta Genovese, vino di un giallo paglierino scarico; il profumo è ampio e persistente; il sapore secco ma morbido, sapido, con piacevole fondo amarognolo. Accompagna minestre di verdure, risotti con ortaggi di stagione o frutti di mare, pesci di mare lessi o al cartoccio.

• **Colline di Levanto**: vino bianco o rosso prodotto nella provincia de La Spezia (soprattutto nei comuni di Levanto, Bonassola, Framura e Deiva Marina). Per i bianchi, i vitigni autoctoni sono il Bosco e Albarola, a cui si è aggiunto il Vermentino. Per i rossi, i vitigni sono il Sangiovese e il Ciliegiolo.

• **Cinque Terre**: vino bianco prodotto principalmente con uve di Bosco, Albarola e/o Vermentino nei comuni di Monterosso, Vernazza, Riomaggiore e La Spezia. Ha un colore paglierino, un profumo delicato ma persistente, con sentori di erbe di campo e un sapore secco, sapido, continuo. Accompagna antipasti di pesce e frutti di mare, risotti di pesce e pesci al forno.

• **Cinque Terre Sciacchetrà**: vino passito dolce e liquoroso prodotto con le stesse uve del tipo secco, coltivate nei medesimi comuni. La differenza è che i grappoli, dopo essere stati raccolti ad inizio vendemmia, vengono posti su graticci e lasciati ad appassire all'aria per alcune settimane per poi essere schiacciati ("sciaccà", da cui il nome). È uno dei più rari vini italiani. Da bere da 2 a 10 anni e più dalla vendemmia, secondo l'annata. Se molto affinato, è un ottimo vino da meditazione. Accompagna bene formaggi, pandolce e panforte.

• **Colli di Luni**: denominazione interregionale che comprende i vini (bianchi e rossi) prodotti nelle province de La Spezia e di Massa Carrara (Toscana).

Riomaggiore, Cinque Terre

Ligurian wines

Liguria - with its mostly mountainous territory - is not a region of great agricultural production, nevertheless the vine has been cultivated with great success in this land for centuries. Ligurian wines are made by the stones, the sun and the breath of the sea and the vine varieties transplanted by sailors from far-flung parts of the Mediterranean have adapted and thrived here, adapting to the Ligurian soil to became an integral and representative part of it.

The main **white grape varieties** are:

• **Vermentino**: grown throughout Liguria, it is usually vinified alone, producing a straw-yellow wine with golden tints; the aroma is intensely fruity, with hints of grass and field flowers; dry, but supple and savoury to taste. It goes well with hot or cold seafood appetizers, first courses with pine nuts or walnuts, fish dishes.

• **Pigato**: mainly grown in the provinces of Imperia and Albenga, on the west coast. Straw yellow, with a broad, intense and fruity aroma; the flavor is dry but pleasantly soft, warm and savory. It goes well with mushroom-based appetizers, first courses with walnut sauce and fish dishes seasoned with aromatic herbs.

• **Bianchetta**: is a local variety cultivated in the Genoa backcountry and the Gulf of Tigullio. It has characteristic mineral and Mediterranean scents and characterizes the DOC white wines of Val Polcevera and Golfo del Tigullio.

• **Lumassina**: also called "Mataossu", is a grape variety cultivated in the hinterland of Noli, Varigotti and Finale (west coast, province of Savona). It produces a pale, straw yellow wine with greenish tints; the bouquet delicate, with hints of herbs; dry, but fresh-flavoured. It goes well with fried foods, appetizers with sauce and oily fish.

• **Bosco**: is a native vine, the backbone of the whites wines of the Cinque Terre. It generates mineral, savory, almost salty wines, probably because of its cultivation so close to the sea. It is generally partnered with other varieties such as Albarola and Vermentino.

Among **red grape vines**, several are worth mentioning:

- **Rossese**: is a vine cultivated in many locations in the province of Imperia. It produces ruby red wines with a delicate, characteristic, vinous aroma; the flavour, dry, delicate, soft and bitter. The one produced in Val Nervia gets the DOC certification of "Rossese di Dolceaqua"

- **Ormerasco**: is a vine cultivated in the same area as Rossese. The wine produced in the Valle Argentina (inland of Imperia and Albenga, the west Italian Riviera) gets the DOC certification of "Ormerasco di Pornassio"

- **Granaccia**: this variety is mainly cultivated in the hinterland of Savona. It produces a dry wine with an intense red color. Of fragrant vinous aroma when young, it gets a larger and more persistent bouquet with hints of woodland berries and raisins as it ages; the taste is dry, warm, soft and velvety, with extraordinary balance and personality at its best. It's a good partner for game, truffles, guinea fowl, mushrooms and lightly aged cheeses.

Compared to the rest of the Italian regions, there are few **DOC ("Controlled Designation of Origine") wines** in Liguria, but they are of great importance! Taking a brief review from West Coast to East Coast, the following wines are worth seeking out:

- **Riviera Ligure di Ponente**: this DOC wine will be of the Pigato, Vermentino and Rossese variants, to which the sub-denomination of the production area can be added: Riviera dei Fiori, Albenganese and Finalese.

- **Val Polcevera**: white, red, rosé, Bianchetta Genovese and Vermentino wines produced in the hinterland of the city of Genoa, along the banks of the Polcevera river. Among these, the most famous is the Bianco di Coronata, produced in the western hinterland of Genoa on the hills of Coronata and Marengo and for centuries the wine par excellence of the Genoa region: It is a pale straw yellow colored wine with slight golden reflections. It has an intense aroma, with hints of herbs and a light dry flavor. It goes well with seafood appetizers, pancakes with vegetables and cod, minestrone alla genovese, vegetable pies and focaccia.

• **Golfo del Tigullio**: this denomination is reserved for wines (white, rosé and red) produced on the hills surrounding Genoa. Among them Bianchetta Genovese stands out: a pale straw yellow wine, the bouquet full and persistent; the flavour dry but soft and savoury, with a pleasant bitter aftertaste.
It goes well with vegetable soups, risottos with seasonal vegetables or seafood, boiled or baked sea fish.

• **Colline di Levanto**: white or red wine produced in the province of La Spezia (especially in the municipalities of Levanto, Bonassola, Framura and Deiva Marina). For the whites, the native vines are Bosco and Albarola (of limited and very ancient origin), to which Vermentino has been added. For the reds, the vines are Sangiovese and Ciliegiolo.

• **Cinque Terre**: white wine produced mainly with Bosco, Albarola and/or Vermentino grapes in the municipalities of Monterosso, Vernazza, Riomaggiore and La Spezia. It has a straw color, a delicate but persistent aroma, with hints of wild herbs and a dry, savoury, long finish. It accompanies fish and seafood appetizers, fish risottos and baked fish.

• **Cinque Terre Sciacchetrà**: is a sweet raisin wine produced from the same grapes grown in the same municipalities. The difference is that after harvest, the bunches are placed on racks and left to dry for a few weeks before pressing. (hence the name "sciaccà"). It is known throughout the world as one of the rarest Italian wines and aged from 2 to 10 years and more from the harvest, depending on the vintage. If very aged it is an excellent "meditation wine". It goes well with cheeses, pandolce and panforte.

• **Colli di Luni**: an interregional denomination that includes wines (both white and red) produced in the provinces of La Spezia and Massa Carrara (Tuscany).

Camogli , Riviera di Levante

L'autrice

Enrica Monzani racconta storie e ricette di cucina ligure attraverso parole e immagini, tiene corsi di cucina regionale e organizza esperienze enogastronomiche in Liguria.
È l'autrice del sito "A Small Kitchen in Genoa" (www.asmallkitcheningenoa.com), la sua casa digitale, dove offre i suoi servizi e racconta - in italiano e in inglese - il suo viaggio personale attraverso la tradizione culinaria ligure e genovese, un percorso alla scoperta dei sapori più autentici della sua terra.
Dal 2017 offre corsi privati di cucina ligure per un pubblico internazionale nella sua cucina genovese e presso ville private. Organizza food tour a Genova ed esperienze enogastronomiche in Liguria. Presta inoltre consulenze per la progettazione di viaggi enogastronomici in Liguria su misura.
Nel 2020 ha iniziato ad insegnare anche online, tenendo corsi di cucina in streaming in inglese e in italiano.
Collabora come esperta di cucina ligure con riviste e televisioni internazionali nonché con media e aziende italiane e locali. Infine, lavora con aziende e ristoranti come fotografa e creatrice di contenuti legati alla cucina.

The author

Enrica Monzani tells the stories and shares the recipes of Ligurian cuisine in words and images and teaches how to cook them. She is founder of the site "A Small Kitchen in Genoa" (www.asmallkitcheningenoa.com), her digital home where she shares - in both Italian and English - her personal journey through the culinary traditions of Liguria, a journey to discover and cook the flavors of her land.
Since 2017 she offers private Ligurian cooking classes tailored to an international audience in her home kitchen in Genoa and in private villas. She also organizes food tours of Genoa and food experiences in Liguria for small groups and does consulting as private food travel designer.
In 2020, she started giving on-line cooking classes in English and Italian.
She cooperates as a Ligurian cuisine expert with international magazines and broadcasters, Italian and local media and companies. Alongside her Ligurian food expert activity, she also works with food companies and restaurants as a food photographer, recipe developer and content creator.

Testi e foto di
Enrica Monzani
Controllo traduzione inglese
Carlo Irek
Photo Editor
Giovanni Simeone
Redazione
Anna Martinelli
Design and concept
WHAT! Design
Prestampa
Fabio Mascanzoni

Crediti fotografici/Photo credits
La copertina e le immagini dei piatti sono di Enrica Monzani, ad eccezione di:
Cover and dish images are by Enrica Monzani, except:

Gaia Borzicchi p. 275, Suzy Bennett p. 292, Matteo Carassale risguardi, p. 2-3, p. 11, p. 14-15,
p. 18, p. 33, p. 34, p. 38, p. 39, p. 86, p. 98, p. 99, p. 126, p. 160, p. 165, p. 192, p. 223,
p. 226, p. 250, p. 261, p. 294, Franco Cogoli p. 25, p. 136, p. 213, p. 260, Federico Delucchi
p. 22-23, p. 83, Colin Dutton p. 4, p. 120, p. 256, Kate Hockenhull p. 40, Johanna Huber
p. 74-75, p. 202, p. 203, p. 233, p. 276, Corrado Piccoli p. 238, p. 296-297, Maurizio Rellini
p. 8, Massimo Ripani p. 132, p. 142, p. 180-181, Chiara Salvadori p. 30-21, Stefano Scatà
p. 92, Giovanni Simeone p. 6-7, p. 28, p. 188, p 218, Stefano Torrione p. 286-287, Luigi
Vaccarella p. 133, Marco Zaffignani p. 153

Le foto sono disponibili sul sito www.simephoto.com
Photos available on www.simephoto.com

Prima edizione: gennaio 2023
ISBN 978-88-31403-20-7

SIME BOOKS
www.simebooks.com
Tel +39 0438 402581

Distribuito da Atiesse Rappresentanze
customerservice@simebooks.com - T. e Fax (+39) 091 6143954

Distributed in US and Canada by Sunset & Venice
www.sunsetandvenice.com - T. 323.522.4644

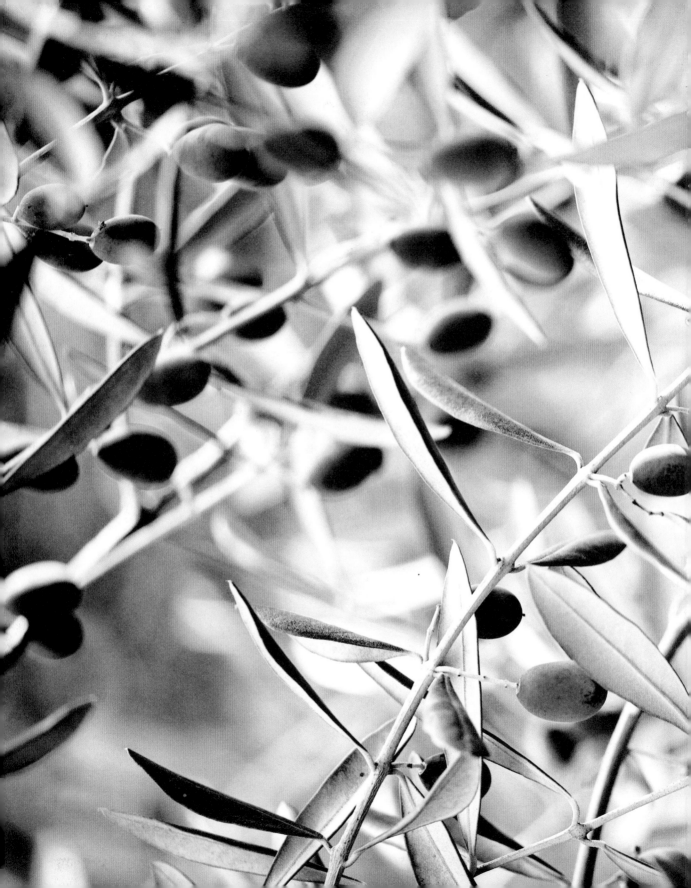